漢方과 房中術

慶熙大學校 漢醫大敎授	安 德 均	推薦
漢醫學博士	韓 淸 光	譯解

은광사

추천의 말

《의심방·방내편(醫心方·房內篇)》은 동양의 방중술(房中術)을 집대성한 책이다. 방중술이란 성생활(性生活)에 관한 이론과 기법을 연구하는 학문으로서, 선도 수양법(仙道修養法)의 한 분과인 것이다.

그런데 동양 방중술의 학문적 기반은 천인 합일(天人合一)의 사상이라고 할 수 있다. 천인 합일의 사상이란 인체(人體)를 하나의 소우주(小宇宙)로 보고 우리들의 생명 현상을 대우주(大宇宙)인 천지 자연의 현상에 대비시켜 고찰하는 사상을 말한다.

따라서 이 책이 섹스에 관한 문제를 다루고는 있다고 하지만, 거기에는 심원(深遠)한 철리(哲理)가 내포되어 있는 것이다.

그럼에도 불구하고 《소녀경(素女經)》 등의 제목으로 이 책의 일부 내용만을 흥미 위주로 번역·출판한 유서(類書)들이 다수 나와, 방중술의 이미지를 흐리고 있음은 통탄할 일이 아닐 수 없다.

이 책은 동양 방중술의 유일무이(唯一無二)한 보고(寶庫)인 《의심방·제28권·방내편》을 국내 최초로 완역(完譯)하고 권말에 원문(原文)을 전재(轉載)함으로써, 방중술의 오의(奧義)를 이 땅의 독자들에게 올곧게 전달하려고 노력하였다.

그에 아울러서 이 책의 효과를 극대화시키고자 고금(古今)의 유명한 강장 처방(强壯處方)을 다수 첨부함으로써, 독자 여러분의 건강 양생(健康 養生)에 이바지하려고 애를 썼다. 특히 한방(漢方)의 강장 처방을 연구하고 계시는 실제 임상가(臨床家) 여러분들에게는 많은 참고가 되리라 믿어 의심하지 않는다.

끝으로 이 책 내용의 일부를 이루고 있는 《천금방(千金方)》을 인용하면서 推薦辭에 가름하고자 한다.

"사람이 서른 살이 되기 전에는 대개 제멋대로 행동하여, 서른 살이 넘어서면 일시에 기력이 떨어지는 것을 느끼게 된다. 기력이 떨어지면 온갖 병이 생기는데, 이것을 그냥 내버려 두면 결국은 고칠 수 없게 되고 만다. 그러므로 사람이 나이 서른에 이르면 마땅히 방중술(房中術)이라는 것을 알고 있어야 한다."

1985년 새봄에

慶熙大教授
漢醫學博士

※ 본 도서는 도서출판 書苑堂에서 〈醫心方·房内篇〉이란 제목으로 발행(1985년 4월 30일), 제작하여 독자들로부터 좋은 반응을 얻었던 책입니다.

그러한 책의 지형 및 판권을 본사에서 인수하여 제작하게 된 것을 기쁘게 생각하는 바입니다. 그러나 과거 〈醫心方·房内篇〉이란 제목으로 인하여 性典이라기보다는 의학서적으로 착각할 수 있다는 독자들의 건의전화가 쇄도했던 바, 이 기회에 제목을 〈漢方과 房中術〉로 바꾸기로 했읍니다. 그러한 즉 과거에 書苑堂 발행 〈醫心方·房内篇〉을 구입했던 독자들께서는 똑같은 내용의 책임을 명심하시고 구입에 착오없으시기 바랍니다.　　　　　　　　　　　　　　　　　　　　　　　－편집자 주－

서언(緒言)

"성행위(性行爲)는 그것이 자식을 얻기 위한 것일 때에만 정당하다."고 톨스토이는 그의 만년에 말한 바 있다. 다시 말하면, 인간 종족의 번식을 위한 성행위 외에는 모두 부도덕한 도락(道樂)으로서, 올바른 인간은 그것을 즐기는 것은 말할 것도 없고 생각조차도 해서는 안 된다는 뜻일 것이다.

그런가 하면, 《차털레이 부인의 사랑》으로서 유명한 D.H.로렌스는 "인간에게 있어서의 성(性)이란 곧 생명의 불꽃이다."고 말했다. 즉, 성(性)의 불꽃이 타오르지 않을 때 인간은 그 생명을 잃는다는 것이다.

그러나 위의 두 사람의 견해(見解)는 서로 반대되는 것은 아닌 듯하다. 다만 그 두 사람은 '성(性)의 양면성(兩面性)' 가운데에서 한 가지씩을 강조하고 있는 것으로 생각된다. 생각해 보면 '성의 불꽃이 타오르기를 그칠 때 인간은 그 생명을 마친다'는 로렌스의 견해를 부정할 수가 없다. 그러나 성의 문란(紊亂), 성의 타락(墮落) 또한 인간의 건전한 생명력을 좀먹는다는 사실도 우리는 부정할 수가 없는 것이다.

그런데, 동양의 맹자(孟子)는 다만 이렇게만 말하고 있다. "식욕(食慾)과 성욕(性慾)은 인간의 본성(本性)이다." 그렇다. 성(性)이란, 거기에 긍정적인 측면이 있든 부정적인 측면이 있든, 우리들 인간에게 있어서 없애 버릴 수 있는 어떤 것이 결코 아니다. 그렇다면 우리는 어떻게 해야 할 것인가? 말할 것도 없이, 그것을 잘 이용하여 우리의 삶을 더욱 풍성하게 더욱 건강하게 하는 도리밖에는 다른 선택이 있을 수 없는 것이다.

흔히들 동양의 문화를 '자연(自然)에의 순응(順應)'으로 설명하고 있다. 그것은 성(性)에 대한 동양 사람들의 태도에서도 잘 드러나 있다. 동양 사람들은 톨스토이나 로렌스와 같은, 어떤 면에서는 무의미하다고 할 수 있는, 분석 따위는 하지 않는다. 그 대신 어떻게 하면 우리들 인간에게 조물주가 주신 성(性)을 잘 이용하여 우리들의 삶을 더욱 풍성하게 더욱 건강하게 꾸려 갈 수 있을까 하는 데에만 신경을 썼다. 그리하여 태어난 것이 이 책을 구성하고 있는 《옥방비결(玉房秘決)》, 《옥방지요(玉房指要)》, 《소녀경(素女經)》, 《현녀경(玄女經)》, 《포박자(枸朴子)》, 《동현자(洞玄子)》, 《천금방(千金方)》 등의 전적(典籍)들이다.

본문을 읽어 나가다 보면 누구나 느낄 것이지만, 성(性)에 관해서 이토록 철저하게 연구하고 이토록 실용적인 방법을 해설해 놓은 위의 전적(典籍)들을 유산으로 물려받은 우리는 행복하다고 아니 할 수 없다.

이 책은 위와 같은 여러 가지 성고전(性古典)의 에센스만을 추려 체계를 세워 엮은 《의심방·방내편(醫心方·房內篇)》을 번역한 것이다.

《의심방(醫心方)》은 그 이름으로도 알 수 있는 바와 같이 일종의 '의학백과전서(醫學百科全書)'로서 모두 30권으로 구성되어 있는데, 《방내편(房內篇)》은 그 중 제28권에 해당한다.

이 책의 내력이나 그 구성에 관해서는 맨 뒤에서 다시 말하기로 하고 우선 본문으로 들어가기로 하자.

第 1 章
至　理

《옥방비결(玉房秘決)》이라는 책에서 충화자(沖和子)는 이렇게 말
했다.

"무릇 음(陰)과 양(陽)은 우주 만물의 근본 이치인바, 이것을 합
하여 생명을 불어넣는 것은 사람들이 할 일이다. 그런데 음양을 합
하여 생명을 불어넣는 방법을 제대로 알기는 그 원리가 까마득하여
매우 어렵다. 그래서 황제(黃帝)는 이를 소녀(素女)라는 선녀에게
물었고, 팽조(彭祖)라는 신선은 이를 은왕(殷王)에게 전했다. 이 얼
마나 뜻있는 일인가!"

〔해설〕방중술(房中術)의 원리를 말하고 있는 제 1 장의 머리말에 해당하
는 구절이다. 그런데 여기에서 주목해야 할 것은 '그 원리가 까마득하여 매
우 어렵다'는 대목이다. 이 대목을 항시 기억하면서 이 책을 읽어 주기 바
란다.

황제가 소녀에게 물었다.

"내가 요즘 기력이 떨어져 기분도 좋지 않고 몸이 늘 불편한데,
이는 어인 까닭인가?"

소녀가 아뢰었다.

"무릇 사람의 기력이 떨어지는 까닭은 음양을 합하는 방법이 잘못되어 있기 때문이옵니다. 원래 음양의 법에 있어서는 여자가 남자보다 강한 것인데, 그것은 마치 물이 불을 이기는 것과 같은 이치이옵니다. 이와 같은 이치를 잘 알고서 행하면, 마치 가마솥에 여러 가지 맛있는 것들을 배합해 넣고서 근사한 요리를 만들어 낼 수 있는 것과 마찬가지로, 온갖 재미를 맛볼 수가 있사옵니다. 그러나 이와 같은 이치를 모르는 사람은 음양 교접(陰陽交接)의 방법을 그르쳐 몸을 상하고 마침내는 일찍 죽게 되는 것이옵니다. 이러고서야 어찌 재미를 맛볼 수 있겠사옵니까? 조심하지 않으면 안 되는 것이옵니다."

〔해설〕 황제(黃帝)는 중국 고대의 전설적인 제왕(帝王)인 3황5제의 한 사람으로서, 자석을 응용한 나침반을 발명했고, 또 기백(岐伯)을 비롯한 6명의 이름난 의사들과 더불어 《황제내경(黃帝內經)》이라는 동양 의학의 기본이 되는 문헌을 편찬했다고 한다.

당대 제일의 의학자임을 자처하는 황제도 많은 후궁(後宮)들을 너무 가까이 하여 마침내 자신이 임포텐스〔陰痿 ; 성교불능증〕가 되지 않았나 하는 노이로제에 빠졌다. 그리하여 소녀(素女)를 불러 의논하게 된 것이다.

소녀는 일찍부터 신선의 세계에 들어가 늙지 않는 도술을 터득하여 언제나 아름다운 몸매와 건강을 유지했다고 하는 선녀(仙女)로 알려져 있다.

황제의 의논을 받은 소녀는 여기에서 방중술의 가장 기본이 되는 명제(命題)를 제시하고 있다.

'원래 음양의 법에 있어서는 여자가 남자보다 강한 것이다. 그것은 물이 불을 이기는 것과 같은 이치이다'는 명제가 바로 그것이다.

청(淸)나라 때의 소설 《등초선사전(燈草禪師傳)》에는 이 명제가 한층 더 문학적으로 씌어 있다.

"무릇 남자란 일단 끝나면 그것으로 그만 만족하고 잠에 떨어지고 말지만 여자는 그와 반대로 쏘이면 쏘일수록 더욱더 좋아하여 그치려 하지 않는다. 이것은 남자는 화성(火性)이기 때문에 일단 물을 뒤집어쓰면 금세 꺼져 버리고 말지만, 여자는 수성(水性)이기 때문에 화기(火氣)를 받으면 부글부글 끓어올라 불이 있는 한 언제까지나 끓기를 그치지 않기 때문이다."

사실 성(性)에 관한 고민 중에서 가장 큰 것은 남자의 조루(早漏)로서, 동서 고금의 모든 성서(性書)의 관심은 이 문제에 집중되어 있다고 해도 과언이 아닐 것이다. 남자가 정력이 약하다는 것——그리하여 오래오래 여자를 끓여 주지 못한다는 것, 그리고 일찍 꺼져 버린다는 것——아무리 오래 끓인다고 끓여도 여자로서는 오래 끓여 준 것같이 느끼지 못한다는 이 숙명(宿命)이야말로 방중술(房中術)에 있어서 짚고 넘어가야 할 제1장 제1과가 아닐 수 없는 것이다.

그러나 소녀는 이 명제만을 던지고 그 해결책에 관해서는 신선계의 장로인 팽조선인(彭祖仙人)에게 미룬다.

소녀는 채녀(采女)라는 선녀를 소개하였다. 황제는 곧 채녀를 불러 팽조를 찾아가 연년 익수(延年益壽)의 방법을 알아 오게 하였다. (채녀의 방문을 받은) 팽조는 이렇게 말했다.

"생명의 원기인 정(精)을 아끼고 정신을 수양하며 여러 가지 보약을 먹으면 오래 살 수 있을 것이다. 그러나 교접(交接)의 방법을 제대로 알지 못하고서는 비록 보약을 먹는다고 할지라도 효과가 없다. 남자와 여자가 서로 대칭(対称)이 되어 존재하는 것은 마치 하늘[天]과 땅[地]이 서로 대칭이 되어 존재하는 것과 같다. 그런데 천지(天地)는 어찌해서 영원히 존재하는데, 사람은 일찍 그 존재가 사라져 버리고 마는가? 그것은 천지는 서로 교합(交合)하는 방법을 알고 있는데, 사람은 서로 교접(交接)하는 방법을 모르고 있기 때문인 것이다. 따라서 사람도 음양 교접의 올바른 방법을 체득하기만 하면 천지와 더불어 죽지 않고 무한히 존재할 수가 있는 것이다."

이에 채녀는 일어서서 두 번 절하고는 말했다.

"원컨대 그 올바른 방법을 가르쳐 주시옵소서."

팽조가 말했다.

"그 방법을 일러 주는 것은 쉬운 일이지만 사람들이 이를 믿고 실천하기는 어려울 것이다. 지금 황제는 모든 나랏일을 혼자서 처리해야 하는 바쁜 몸인지라 모든 이치를 다 배워 알고 실천할 수 있는 여유가 없다. 그러나 황제는 많은 후궁(後宮)을 거느리고 있으니 모름지기 남녀간의 올바른 교접의 방법만은 알아 두어야 할 것이다. 그 요점은 되도록 많은 젊은 여자들과 교접하되, 자주 사정(射精)하지 않도록 하는 것이다. (이것만 실천해도) 몸이 가뿐해지고 온갖 병이 사라질 것이다."

〔해설〕 여기에 등장하는 채녀(采女)는 하나를 들으면 열을 알 수 있을 정도로 머리의 회전이 빠른 아름다운 선녀로서, 황제의 부탁을 받고 팽조를 찾아가 방중술의 요점을 가르침받는다.

팽조의 대답을 간추리면,

첫째, 많은 여자들을 바꾸어 가며 교접할 것〔易女〕

둘째, 젊은 여자들과 교접할 것〔御少女〕

세째, 많이 교접할 것〔多接〕

네째, 자주 사정(射精)하지 말 것〔少泄〕

의 4가지이다. 이것이 팽조가 가르치는 방중술의 요점인 것이다.

그 4가지 요점 중에서 세째와 네째는 그렇다 치고라도, 첫째와 둘째 사항은 오늘날과 같은 일부일처제(一夫一妻制)의 문명 사회에서는 응용하기 어려운 방법이 아닐 수 없다. 따라서 우리는 그 기본 원리를 알아야 할 필요가 있다.

우선, 많은 여자들을 바꾸어 가며 교접하라는 것은 무슨 이유일까?

방중술에 있어서의 교접(交接)은 단순히 성적인 쾌락을 얻기 위한 것이 아니라, 그 교접을 통하여 생명의 기(氣)를 북돋아 오래 오래 건강하게 사는 것을 추구하고 있다. 생명의 기(氣)는 남자의 양기(陽氣)와 여자의 음기(陰氣)가 상호 교류함으로써 온전하게 얻어지는 것이다. 그런데 남자에게 있어서는 '혈유여(血有餘)'라 하여 양기(陽氣)가 언제나 남아 돈다. 물론 여기서 양기가 남아 돈다는 것은 정력이 세다는 뜻은 아니다. 이 남아 도는 양기를

음기(陰氣)와 교류시키지 않으면 진정한 생명의 원천인 기(氣)를 얻을 수가
없다. 이러한 양기와 음기의 교류를 교접이라고 하는데, 이 교접을 다른 말
로 바꾸어 말하면 '감응(感應)'이 된다. 일종의 '전기가 통하는 상태'인 것이
다. 그러니까 여기에서 말하는 '교접'은 단순한 성행위(性行爲)만을 가리키
는 것은 아니다. 물론 성행위가 주체이고 또 성행위가 가장 중요한 '교접'의
방법인 것은 사실이다. 그러나 성행위만이 교접은 아니라는 사실을 유의할
필요가 있다.

아름다운 여비서가 말끔히 정돈해 둔 사무실에 나가서, 그녀의 정성어린
차(茶)시중과 더불어 하루의 일과를 시작하는 사나이가 있다고 하자. 그리
고 이와 반대로 주는 것 없이 보기 싫은 여직원으로부터 출장비를 타지 않
고는 하루의 일과를 시작할 수 없는 다른 사나이가 있다고 하자. 이 경우 우
리는 이것 저것 따질 것도 없이, 두 사나이의 얼굴부터가 다를 것임을 담박
에 눈치챌 수 있다. 앞의 사나이에게서는 '음기와의 감응'이 '음기와의 교접'
이 있음은 물론이다. '자네 요즘 꽃밭 속에서 지내더니 얼굴이 환해졌어'하
는 우스갯소리는 그저 우스갯소리만은 아닌 것이다. 이 우스갯소리야말로 팽
조가 말하는 방중술의 첫번째 요점의 원리라고 말할 수가 있다. 팽조가 말
하는 방중술의 두번째 요점의 원리도 같은 이치임은 물론이다.

나이 어린 소녀의 기(氣)를 취하여 보양·회춘(補養回春)을 꾀했던 것은
동양에만 있었던 사실은 아니다. 18세기 말 프랑스 파리에서는 슈나미티즘
살롱이라는 것이 성행했다. 이 살롱에는 14~15세 가량의 어린 소녀 40명이
항시 대기하고 있다가, 나이 많은 신사들을 손님으로 맞아 그 양쪽에 누워
잠을 잤다고 한다. 그런데 재미있는 것은 그 어린 소녀들의 국부(局部)에는
쇠망을 씌우고 자물쇠를 채워 두었다는 것이다. 어린 소녀들을 옆에 뉘어 놓
고 같이 잠만 자야지 만약에 교접이라도 했다가는 오히려 건강에 해가 되기
때문이라는 것이다. (방중술의 비법을 알지 못하고서 늙은이가 어린 소녀들
을 상대했다가는 건강을 상하게 될 것은 당연하다.) 이러한 풍속은 《구약성
경·열왕기》에서 유래하고 있다. 그 책에 보면, 늙은 다비드 왕의 몸이 쇠
약해지자 신하들이 슈나미인(人)의 나이 어린 소녀로 하여금 왕의 침실에 들
어가 그 몸을 덥게 하여 왕의 건강을 회복시켰다고 한다. 그리하여 어린
소녀와 함께 자는 것을 슈나미티즘이라고 부르게 된 것이다. 우리 나라 말

에 '옷방아기'라는 것이 있다. '옷방아기'는 바로 '슈나미 걸'을 말한다. 일
제 때까지도 우리 나라에서는 늙은 부모에게 효도하는 한 방법으로 이 '옷
방아기'를 드리는 풍습이 있었다. 이른바 '御少女'의 실천적 풍습이었다고
하겠다.

그 밖에 세번째와 네번째 요점에 관해서는 본문 중에 차차 나오지만 황제
가 채녀를 시켜 팽조에게 알아본 이야기는 여기에서 일단 끝난다.

한(漢)나라의 부마도위(駙馬都尉), 무자도(巫子都)란 사람이 138
세 되던 해에 효무제(孝武帝)를 위수(渭水)라는 곳에서 만났다. 그
런데 무자도의 머리 위에 이상한 기운이 서려 있는 것을 본 효무제
는 이를 괴이하게 여겨 동방삭(東方朔)에게 물었다. 동방삭이 아뢰
기를 이는 음양의 술(術)에 도통한 증거라 하니, 효무제는 좌우를
물리치고 무자도에게 한 마디 해 달라고 졸랐다. 이에 무자도가 이
렇게 말했다.

"음양에 관한 것은 누구나 함부로 말할 수 있는 성질의 것이 아
니옵니다. 또 (몇 마디 말을 얻어 듣는다고 해도) 이를 올바로 실
행할 수 있는 사람은 적사옵니다. 저는 이것을 능양자명(陵陽子明)
에게서 예순 다섯 살 때 배워 일흔 두 해 동안 실행해 왔사온데, 무
릇 생(生)을 구하려면 마땅히 생(生)이 있는 곳을 찾아야 하는 것
이옵니다. 여자의 미모에 혹해서 너무 빠지면 몸을 상해서 온갖 병
이 생기게 되는 것이옵니다."

〔해설〕무자도(巫子都)라는 이인(異人)은 그 이름으로 볼 때 주술사(呪術
師)가 아니었을까 추측된다. 그리고 무자도의 정체를 밝힌 동방삭은 흔히 '삼
천갑자(三千甲子) 동방삭'으로 불리는 유명한 신선이다.

무자도는 방중술에 관해서는 함부로 말할 수 없다고 하면서 다만 '생(生)
을 구하려면 죽은 것〔死物 ; 즉 보약 따위〕에서 구하려 해서는 안 된다'고만
귀뜸해 주고 있다. 이 말은 팽조가 말한 첫째 요점인 '역녀(易女)' 둘째 요

점인 '어소녀(御少女)'와 통하며, 그의 마지막 말은 팽조의 세째, 네째 요점인 '다접(多接)', '소설(少泄)'의 원칙을 암시하고 있다.

무자도에게 방중술을 가르친 능양자명은 일설에 의하면 남자로 변장한 선녀라고도 하고, 또 다른 설에 의하면 중성(中性;半陰陽)이었다고도 한다.

《옥방지요(玉房指要)》라는 책에서 팽조는 이렇게 말했다.

"황제는 1,200명의 여자를 마음대로 다루고서 신선이 되었건만 속인(俗人)들은 단 한 사람의 여자도 제대로 못 다루고서 생명을 마친다. 안다는 것과 모른다는 것의 차이가 이와 같은 것이다. 그 방법을 알고 있는 사람은 많은 여자를 다루지 못해서 오히려 고민할 지경인 것이다. 여자가 모두 용모가 아름다와야 할 필요는 없다. 그저 아직 유방이 부풀지 않은 젊은 여자로서 피둥피둥하기만 하면 족한 것이다. 이런 여자 7,8명만 얻을 수 있다면 아주 유익할 것이다."

소녀는 이렇게 말했다.

"무릇 교접을 할 때는 자기 자신은 황금이나 보옥처럼 귀중히 여기고 상대방은 마치 기와나 돌멩이처럼 하찮게 여겨야 한다. 그리고 곧 사정(射精)이 될 것 같으면 급히 빠져나와야 한다. 여자를 다룸에 있어서는 마땅히 썩은 고삐로 날뛰는 말을 다루는 것과 같이 조심을 해야 하며, 한번 빠지면 살아서 돌아올 수 없는 깊은 구덩이 옆에서 행동하는 것처럼 조심해야 하는 것이다. (그렇게 하여)생명의 원기인 정(精)을 아낀다면 오래오래 건강하게 살 수 있을 것이다."

황제가 소녀에게 물었다.

"한동안 교접을 삼가려 하는데 어떻겠는가?"

그러자 소녀는 이렇게 아뢰었다.

"안 되옵니다. 천지(天地)에 열림과 닫힘이 있고 음양(陰陽)에 추이(推移)가 있사온데, 사람은 이 음양의 법칙을 좇아 춘·하·추·

동의 4 계절에 따라 삶을 이어나가는 것이옵니다. 그런데 지금 교접을 그만두신다면(이 법칙을 거스르는 것이 되어) 신기(神気)가 펴지지 않고 음양의 길이 막혀 버리는 것이옵니다. 그렇게 되면 무엇으로써 생명의 근원인 원기를 스스로 보충할 수 있겠나이까? '연기(練気)'의 방법을 자주 행함으로써 낡은 기운을 몰아내고 새로운 기운을 받아들여 스스로 기력을 유지할 수 있도록 노력해야 하는 것이옵니다. 또한 옥경(玉莖)도 자주 쓰지 않으면 결국 쓸모 없는 물건이 되어 버리고 마옵니다. 그러므로 마땅히 '도인(導引)'의 방법을 실행해야 하는 것이옵니다. 그리고 바야흐로 사정(射精)이 되려 하는 것을 참고 사정하지 않음으로써 그 정(精)을 체내에 환원(還元)시키는 '환정(還精)'의 방법이 있사온데 이 방법을 실행하면 건강한 삶을 누리는 데 크게 도움이 될 것이옵니다."

〔해설〕《옥방지요》에서 인용한 이 구절은 세 대목으로 나뉘어 있다. 처음에 나오는 것이 팽조의 이야기이고, 그 다음이 소녀의 이야가, 그리고 세번째 대목은 황제와 소녀의 문답으로 구성되어 있는 것이다.

앞에서 팽조가 말한 방중술의 4 가지 요점을 한층 더 구체적으로 밝히고 있는데, 첫 대목에서 팽조는 어떤 조건을 갖춘 여자가 좋은 상대인지를 가르쳐 준다. 좋은 상대는 구체적으로 어떤 여자인가에 대해서는 이 책 제 22 장 '호녀(好女)'를 참조해 주기 바란다. 본문 중에 '아직 유방이 부풀지 않은 젊은 여자'라는 말이 있는데, 이는 아직 젖이 나오지 않은 여자, 즉 아이에게 젖을 먹여 본 적이 없는 여자, 그러니까 아이를 낳지 않은 여자로도 해석이 된다.

두번째 대목인 소녀의 이야기는 이 책 제 9 장 '십동(十動)' 이하에 자세히 나오는 내용의 총론(總論)이라고 할 수 있다. 그리고 세번째 대목인 황제와 소녀의 문답 역시 이 책 제18장 '환정(還精)'의 아우트라인에 해당한다.

그런데 이 총론, 아우트라인에서도 우리는 다시 한 번 방중술의 가장 기본이 되는 명제(命題)인 '남자의 조루(早漏)'를 확인할 수 있다.

물론 남자의 조루에도 개인적인 차이는 있다. 그러나 근본적으로 남자는 물을 일단 뒤집어쓰면 꺼져 버리는 불이요, 여자가 날뛰는 말(馬)이라면 남자는 썩은 고삐인 것이다. 따라서 남자는 음양의 법칙을 알고 방중술의 묘리(妙理)를 터득하여 그 기운을 항상 북돋우지 않으면 안 되는 것이다.

고대 동양 의학의 근본 사상은 '자연에의 순응'이다. 하늘과 땅 사이에서 살아가는 인간은 자연 현상의 변화에 순응하지 않으면 안 된다. 이 세상 만물은 봄·여름·가을·겨울의 4 계절에 따라 생(生)·장(長)·수(收)·장(藏)을 되풀이한다. 계절의 변화에 발맞추어 음양(陰陽)의 교류가 닫히지 않도록 하기 위해서는 '연기(練氣)'와 '도인(導引)'을 행하여 신진대사를 원활하게 하고, 정기(精氣)를 몸 안에 축적시키는 '환정(還精)'의 방법을 실행해야 한다. 그렇게 함으로써만 늙지 않고 오래오래 건강하게 살 수 있다는 것이다.

연기(練氣)란 요가나 좌선 또는 명상 호흡법과도 통하는 정적(靜的)인 단련법을 일컫는 것이며, 도인(導引)이란 요즘의 에어로빅 댄스와 같은 동적(動的)인 단련법이다. 현대의 중국에서 성행하고 있는 '기공 요법(氣功療法)'이라든가 '태극권(太極拳)' 또는 '화타 오금희(華陀五禽戲)' 등은 모두 고대의 연기·도인의 곁가지인 것이다.

연기(練氣)를 또는 태식(胎息)이라고도 하는데, 이는 우리가 어머니 뱃속에 있을 때와 같은 상태로 숨을 쉰다는 뜻을 가지고 있다.

《포박자(抱朴子)》는 이를 다음과 같이 설명하고 있다.

"태식(胎息 ; 즉 練氣)의 방법은 코나 입으로 숨을 쉬지 않고 마치 어머니 뱃속에 태아로서 있을 때와 같은 상태가 되는 것이다. 그러나 이와 같은 경지에 이르려면 연습이 필요하다. 초심자(初心者)는 우선 코로 숨을 들이마시고 마음속으로 120까지 수를 센 다음 천천히 숨을 내뿜는다. 이 때 주의해야 할 것은 내쉬는 숨을 들이마시는 숨보다 적게 하여 정기(精氣)의 축적을 꾀해야 한다는 점이다. 이렇게 연습을 계속하여 1000까지 셀 수 있을 정도가 되면 노인이라고 해도 점점 젊음을 되찾을 수 있게 된다."

요컨대 깊은 호흡 즉 심호흡을 하라는 것이다. 《장자(莊子)》에도 '진인(眞人)의 호흡은 발바닥으로 하는 것처럼 깊고, 범인(凡人)의 호흡은 단지 목구멍 끝으로 하는 것처럼 얕다'는 구절이 나오는데, 심호흡이 건강에 좋다는 것은 오늘날에도 잘 알려져 있는 과학 상식이다.

또한 도인(導引)은 평소에는 거의 쓰이는 일이 없는 근육을 주로 운동시킴으로써 우리 몸의 조화를 꾀하는 방법인데, 이러한 단련법을 방중술에 응용하고 있음은, 고대 동양인들이 남녀간의 교접을 단순히 성적 쾌락의 추구로만 생각하지 않고 일종의 양생술(養生術)로 파악하고 있음을 말해 주는 사실이다.

즉 신체가 건강해지면 지구력이 생겨서 조루(早漏)의 정도도 약화되고 성행위가 원활해진다. 또한 양생술의 도리에 맞는 성행위는 그 자체가 바로 건강을 증진시키는 일종의 운동이 되는 것이다. 이와 같이 동양의 방중술은 건강 양생과 표리 관계를 이루고 있는 것이다.

그 밖에도 소녀는 이 대목에서 '환정(還精)'에 대하여 말하고 있다. 방중술에서는 남자의 정액(精液)을 생명의 에너지라고 생각하여 귀중히 여기고 있다. 비단 남자의 정액뿐만이 아니라 이 세상의 모든 것은 쓰면 쓸수록 고갈(枯渴)된다. 고갈되어 없어져 버리는 것을 방지하려면 외부로부터 받아들여 모아 두거나 스스로 적게 쓰는 절약(節約)의 방법을 택해야 한다. 연기나 도인의 방법은 바로 외부로부터 받아들이는 것에 해당한다. 반드시 외부로부터 받아들이는 것은 아니라 해도 아무든 재생산(再生産)에 의존하는 것이다. 그러나 절약(節約)하는 것도 못지않게 중요하다. 그것이 바로 '환정(還精)'의 방법인 것이다. 이 '환정'의 방법은 팽조가 말하는 방중술의 4가지 요점중의 네번째 '소설(少泄)'에서 한 걸음 더 나아가 그 정액을 되돌리는 술법인데, 여기서는 그 이상 자세한 설명이 없다.

청(淸)나라 때의 《육포단(肉蒲團)》이라는 소설에 보면 이 환정의 방법이 다음과 같이 실제적으로 씌어 있다.

"고선랑이라는 기녀(妓女)는 한정된 정기(精氣)를 쓸데없는 곳으로 새어나가게 하는 일이 없다. 그녀는 교접을 할 때마다 반드시 남자가 사정(射精)한 것만큼의 정기를 되찾을 수 있게 한다. 어떻게 하느냐 하면, 그녀는 자신이 절정에 도달하는 순간 남자의 옥경(玉莖) 귀두를 화심(花心)의 입에 맞추게 한 다음 움직이지 않게 하고서 자신의 정기를 남자로 하여금 흡수해 가

도록 한다. 이렇게 해서 흡수된 정기는 척추를 거쳐 배꼽 밑의 단전(丹田)
으로 들어가는데, 그 효력은 인삼이나 녹용과 같은 약을 먹는 것과는 비교
도 안 될 정도로 탁월하다."

하지만 이와 같은 환정의 방법은 보통 사람으로서는 쉽게 실행할 수 없는
것으로서, 일종의 도술(道術), 즉 오랜 수행(修行)을 거치지 않고는 터득할
수 없는 술법(術法)이라 할 것이다. 이것을 소극적으로 '소설(少泄)'로 우선
이해해 두고, 이 책의 뒷부분에 차차 나오는 여러 가지 방법을 우리는 다만
흉내낼 수 있을 뿐일 것이다.

《소녀경(素女經)》이라는 책에서 황제는 소녀에게 이렇게 물었다.
"음양 교접의 절도(節度)란 무엇인가?"
이에 소녀가 이렇게 아뢰었다.
"교접의 방법에는 원래 형상(形狀)이 있사옵니다. 이것을 알고 교
접을 하면 남자는 결코 쇠약해지는 일이 없고 여자는 온갖 병이 다
사라지며 마음은 서로 즐겁고 기력이 충실해지나이다. 그러나 이것
을 알지 못하고 교접을 하는 사람은 점점 기력이 쇠약해지는 것이
옵니다. 그 요점은 안정된 기분[定気], 편안한 마음[安心], 온화한
정신[和志]에 있사옵니다. 이 세 가지 것이 모두 갖추어지면 춥지
도 덥지도 않고 배고프지도 배부르지도 않으며 심신이 안정되어 성
격도 너그러워지게 되옵니다. 그리하여 얕게 집어넣고 천천히 움직
여 출입(出入)을 적게 하면 여자는 쾌감을 느끼게 되고 남자는 결
코 쇠약해지지 않사옵니다. 이것을 가리켜 교접의 절도라고 하는 것
이옵니다."

《현녀경(玄女經)》이라는 책에서 황제는 현녀에게 이렇게 물었다.
"나는 소녀로부터 음양의 술(術)에 스스로 법도(法度)가 있다는
말을 들었는데, 이에 관해서 더 자세히 설명해 줄 수 없겠는가?"
그러자 현녀가 이렇게 아뢰었다.
"이 세상의 모든 움직임은 반드시 음양의 이치에 따르는 것이옵

니다. 양은 음을 얻어서 화(化)하고, 음은 양을 얻어서 통(通)하게
되는 이치이온바, 하나의 음과 하나의 양은 서로 어울림으로써 비
로소 움직이게 되옵니다. 그러므로 남자는 여자를 느껴 단단해지고
여자가 이에 감응(感応)하여 문을 열면 그 두 기(気)가 서로 정(精)
을 주고받아 통하게 되는 것이옵니다.(그런데 이러한 음양의 교접
에서) 남자에게는 지켜야 할 여덟 가지 도리가 있고 여자에게는 아
홉 가지 도리가 있사옵니다. 만약 이 도리를 그르쳐 교접을 하면 남
자에게는 옹저(癰疽)가 생기고 여자에게는 월경 불순이 나타나는 등
온갖 병이 생겨 결국은 수명을 단축시키고 말게 되옵니다. 그러나
그 도리를 잘 알고서 교접을 하면 즐거움을 누리면서 건강하게 오
래오래 살 수 있는 것이옵니다."

　〔해설〕이 책은 여기에서《소녀경》과《현녀경》을 교묘하게 결합시켜 스토
리가 통하도록 하고 있다. 소녀로부터 황제는 '정기(定氣)'와 '안심(安心)'
과 '화지(和志)'의 마음의 준비가 필요하다고는 들었으나 더 자세한 것을 알
고 싶어 현녀에게 그 뜻을 묻는다. 현녀도 소녀와 같은 선녀지만 아마도 소
녀보다는 선배로서 이 방면에 있어서는 소녀보다 훨씬 베테랑인 듯하다. 그
이름으로 미루어보아도 '玄'이 '素'보다는 더 깊은 뜻을 가지고 있는 것이다.
방중술(房中術)이라는 말을 점잖지 않게 여겨 후세 사람들이 '현소지도(玄
素之道)'라고 짐짓 부르고 있었던 것은 다음에 나오는《포박자(枹朴子)》를
보아도 알 수 있다.
　여기에 나오는 소녀나 현녀의 대답은 이 책 제4장 '화지(和志)' 이하 수장
(數章)의 총설(總說)의 형태를 취하고 있다. '남자에게는 지켜야 할 여덟 가
지 도리〔八節〕가 있고, 여자에게는 아홉 가지 도리〔九宮〕가 있다'는 말은 그
다지 깊은 뜻을 가진 말은 아니고, 다만《황제내경·영추(黃帝內經·靈樞)》
의 '구궁팔풍(九宮八風)'을 본뜬 것에 불과한 것으로 추측된다.《황제내경·
영추》는 침구(鍼灸)의 경전으로서 거기에 나오는 '구궁팔풍'은 계절에 따라
외계(外界)로부터 불어오는 바람을 여러가지 질병의 원인으로서 분류한 것
이다.

고대 동양의 생리(生理) 사상에서는 생명 현상은 기(氣)와 혈(血)의 두 가지 모습을 가지고 서로 어울려 이루어지는 것으로 파악하고 있다. 기(氣)는 양(陽)이고 혈(血)은 음(陰)에 해당하므로, 본래 혈이 많고 기가 적은 여자는 총체적으로 음(陰)으로 분류되고 그와 반대인 남자는 양(陽)으로 분류된다. 그런데 제2차 성징(性徵)이 나타나는 시기에 이르면 여자는 월경(月經)을 통하여 혈(血)을 잃기 때문에 혈부족(血不足)이 되고 상대적으로 기(氣)는 유여(有餘 ; 즉 過多)하게 된다고 생각한다. 또한 남자의 경우는 정액(精液)이 몸안에 가득 괴게 된다. 원래 정액(精液)과 혈액(血液)은 그 본체(本體)가 하나이므로 사정(射精)은 혈유여(血有餘)의 결과인 것이다. 이렇게 혈이 유여(즉 과다)한 결과로 상대적으로 기부족(氣不足)이란 현상이 생긴다. (앞의 해설에서는 '혈유여의 결과 양기가 언제나 남아 돈다'고 했는데, 그것은 이해의 편의상 그렇게 말한 것으로서 뜻은 마찬가지이다.) 여기에서 여자의 과다한 기(氣)를 남자가 취할 수 있게 된다면 기와 혈이 모두 충실해져 오래오래 늙지 않고 건강하게 살 수가 있다는 것이다. 그리고 그 기(氣)를 취하는 방법과 혈(血)을 주는 방법이 바로 방중술의 핵심이라는 것을 위의 본문은 암시하고 있는 것이다.

본문은 이 책 제4장 '화지(和志)' 이하의 총설에 해당한다는 말은 앞에서 했으므로 그 자세한 내용은 제4장 이하에서 알아 볼 수 있겠지만, 한 가지 분명히 해 두고 넘어가야 할 문제가 여기에 있다. 그것은 첫째 정신적인 문제이다. 남녀간의 성행위는 물리적인 현상이나 단순히 생리적인 것은 아니라는 사실을 분명히 알고 넘어가야 할 것이다. 그것이 단순히 생리적인 것에 불과하다면 상대와 교접을 할 것이 아니라 자위(自慰 ; 즉 手淫)를 하는 것만으로 충분할 터이니까 말이다. 다시 말하면 정신이 개입되지 않은 성행위는 이미 음양 교접의 범주에는 속할 수 없는 것이다. 혼히 무드라는 말을 쓰고들 있지만 성행위가 자위 행위와 다른 것은 이 무드가 개입된다는 데 있는 것이다. 정신적인 교감(交感)이 없는 성행위는 강간과 다를 바 없다. 성(性)에 관한 서적의 범람으로 전희(前戱)에 관한 상식들은 꽤 가지고 있으나, 이 무드에 관해서는 무신경한 남자들이 많다. 소녀는 여기에서 그것[和志]을 특히 강조하고 있는 것이다. 그리고 둘째는 이와 아울러 성급하게 굴지 말아야 한다는 것이다. 남녀간의 교접에 있어서 가장 곤란한 것은 사나이답게(?) 단칼에 베어 버리는 것이다. 그보다는 추근추근한 것이 남녀간의 교접에 있어서는 가장 좋다. 끈기 있고 느긋하게, 여자의 애가 다 닳도록 끈끈하게 뜸을 들이지 않고는 만족한 성행위는 이루어지지 않는다.

《포박자(枹朴子)》라는 책에는 이렇게 씌어 있다.

"온갖 보약과 기름진 음식으로 보양(補養)을 한다 하더라도 방중술(房中術)을 모르고서는 별로 도움이 안 된다. 이로써 옛날 사람들은 방중술에 관한 여러 가지 설(說)을 발표하여, 멋모르는 사람들을 훈계했으나, 그 모든 것이 다 믿을 만한 것은 못된다. 그런데 현녀와 소녀의 이른바 '현소설(玄素說)'에서는 남자와 여자가 불과 물로 비유되어 있다. 그것을 잘 쓰느냐 못 쓰느냐에 따라 불과 물은 사람을 살리기도 하고 죽이기도 한다. 그것을 제대로 쓸 수 있는 사람은 여자를 다룸에 있어서 그 수효가 많을수록 좋다. 그러나 이를 제대로 쓸 줄 모르는 사람은 한두 여자만으로도 그 수명을 단축시키게 될 뿐인 것이다."

또 이렇게도 씌어 있다.

"사람이 전혀 음양 교접을 하지 않으면 옹저(癰疽)의 병이 생긴다. 그래서 감옥에 갇힌 죄수라든지 홀아비·홀어미는 병이 잦고 수명이 짧은 것이다. 그렇다고 해서 욕정이 발동하는 대로 아무런 절제가 없이 교접을 자행하면 그 또한 수명을 단축시킨다. 오직 절제 있는 교접만이 건강의 손상을 피할 수 있는 길인 것이다."

〔해설〕 제1장의 말미에는 진(晉)의 갈홍(葛洪), 당(唐)의 장정(張鼎), 그리고 손사막(孫思邈)의 저서를 인용하여 지리(至理)의 장(章)에 유종의 미를 더해 주고 있다.

《포박자》는 갈홍의 호(號)인 동시에 그가 지은 책의 이름이다. 갈홍 역시 늙지 않고 오래오래 건강하게 살려면 보약을 먹는다든지 연기(練氣)·도인

(導引)의 방법을 쓰더라도 방중술을 알지 않아서는 안 된다고 강조하고 있다. 그리고 올바른 방법에 의한 절도(節度)있는 섹스와 역녀(易女)의 필요성을 이야기하고 있다.

　전혀 음양 교접을 하지 않음으로써 생기는 옹저(癰疽)라는 병은 이른바 농독성(膿毒性) 체질로서, 혈액이 정체하여 죽은 피(古血)가 되어 고름이 나오는 종기와 같은 것이 생기기 쉬운 체질로 변하는 것을 말한다. 이것을 다스리는 데는 어혈(瘀血)을 몰아 내는 이른바 구어혈제(驅瘀血劑)인 복숭아씨(桃仁), 모란의 근피(牡丹根皮) 등을 응용한다.

　《동현자(洞玄子)》라는 책에는 이렇게 씌어 있다.

　"무릇 하늘이 만물을 창조하였는데 그 중에서 사람이 가장 존귀하다. 사람이 존귀하다 함은 그 성생활(性生活)을 천지 음양의 이치에 합치되도록 조절할 수 있기 때문이다. 그러므로 그 이치를 깨달은 사람은 건강하게 오래 살고 그 이치를 무시하는 사람은 건강을 해쳐 일찍 죽게 되는 것이다. 현녀(玄女)의 법칙과 같은 것에 이르러서는 그 대강의 요점만은 세상에 전해졌으나 자세한 것은 잘 알려져 있지 않다. 나는 그 글을 읽을 때마다 그 빠진 부분을 보충하려고 생각하여 예로부터의 관습(慣習)을 두루 찾아 모아 이 책을 엮었다. 따라서 현녀가 말하고자 했던 원래의 뜻과는 다소 다를지 몰라도 그 말하고자 했던 바의 골자는 얻었다고 생각한다. 그 좌와서권(坐臥舒卷)의 형태, 언복개장(偃伏開張)의 자세, 측배전각(側背前却)의 법칙, 출입심천(出入深淺)의 규칙 등은 모두 음양의 이치에 합당하고 오행(五行)의 수리(數理)에 맞는 것이다. 이를 따르는 사람은 오래오래 건강하게 살 수 있을 것이며, 이를 거스르는 사람은 위험한 지경에 빠질 것이다. 이렇게 모든 사람에게 이로운 것을 어찌 만세(萬世)에 전하지 않을소냐."

　〔해설〕《동현자》는 당(唐)나라 때의 유명한 도인(道人) 장정의 호(號)인 동시에 그가 편찬한 방중술서(房中術書)의 이름이기도 하다. 이 대목은 그

책의 머리말에 해당하는 것으로서, 《현녀경》에 빠져 있는 부분을 보충할 목적으로 예로부터의 관습을 두루 찾아 모아 그 책을 엮었다는 것을 분명히 밝히고 있다. 장정의 편집자적(編輯者的)능력은 이 책 제13장 '30법'을 보면 독자 여러분도 이해할 수 있는 것처럼 극히 구체적인 데까지 두루 미쳐 있다. 이 책 《의심방》이 《동현자》의 거의 대부분을 여러 곳에 인용하고 있는 것도 그 때문이다. '좌와서권의 형태'니 '언복개장의 자세'니 하는 것들은 모두 성행위의 구체적인 형태 및 자세를 말하는 것으로서 이 책의 제13장에 자세히 나온다.

《천금방(千金方)》이라는 책에는 이렇게 씌어 있다.

"남자에게는 여자가 없어서는 안 되고 여자에게는 남자가 없어서는 안 된다. 만약 홀아비·홀어미로서 교접을 생각하면 온갖 병이 생겨 수명이 단축된다."

또 이렇게도 씌어 있다.

"사람이 서른 살이 되기 전에는 대개 제멋대로 행동하여, 서른 살이 넘어서면 일시에 기력이 떨어지는 것을 느끼게 된다. 기력이 떨어지면 온갖 병이 생기는데, 이것을 그냥 내버려 두면 결국은 고칠 수 없게 되고 만다. 그러므로 사람이 나이 서른에 이르면 마땅히 방중술(房中術)이라는 것을 알고 있어야 한다. 그 원리는 극히 간단한 것이지만 사람들은 이를 쉽게 시행하지 못한다. 그 요점은 하룻밤에 열 사람의 여자를 다루되 사정(射精)을 하지 않는 것으로서, 이것을 할 수 있으면 방중술을 체득했다고 해도 좋을 것이다. 이에 곁들여 춘·하·추·동의 4 세설에 따라 보약을 계속하여 먹으면 기력이 용솟음치고 지혜가 날로 새로와지리라."

〔해설〕《천금방》은 후세에 《손진인비급천금요방(孫眞人備急千金要方)》이라고 한껏 치켜올려 불리는 의학서로서, 용궁(龍宮)에 비장되어 있는 묘방(妙方) 30가지가 수록되어 있다고 전해지는 책이다. 《천금방》에는 방중술에 관한 구체적인 언급은 없고 다만 총론적인 것밖에는 기술되어 있지 않다. 그

러나 이 책 제 1 장 지리(至理)의 끄트머리에서 다시 한 번 '다접(多接) · 소설(少泄)'을 강조하는 데 인용되고 있다. 특히 나이 서른이 넘어서면 모름지기 방중술을 터득해야 한다고 한 말은 독자 여러분이 깊이 새겨 들어야 할 대목이라 하겠다.

여기서 《의심방 · 방내편》 제 1 장은 끝난다. 이어서 나오는 제 2 장 '양양(養陽)'과 제 3 장 '양음(養陰)'은 모두 방중술의 근본이 되는 정기(精氣)를 축적하기 위한 준비에 관해서 기술하고 있다. '양양(養陽)'이란 양기를 북돋우는 것으로서 남자의 문제를 다룬 것이고, '양음(養陰)'이란 음기를 축적하는 것으로서 여자의 문제를 다룬 것이다. 인용한 서적은 《옥방비결》과 《옥방지요》의 두 책인데, 여기에서 유의할 만한 것은 방중술이 반드시 남자의 전유물만은 아니라는 사실이다. 이 책이 여자들을 위하여 '양음(養陰)'의 한 장을 할애하고 있다는 것이 그 사실을 증명하고 있는 셈이다. 이 점은 남성 독자 여러분이 곰곰이 생각해 보아야 할 점이라 하겠다.

第 2 章
養　陽

《옥방비결(玉房秘決)》이라는 책에서 충화자(沖和子)는 이렇게 말했다.

"양기를 기르려는 사람은 여자에게 그 방법을 들켜서는 안 된다. 다만 이득이 없다는 정도가 아니라 크게 손해를 보게 된다. 예컨대 도둑에게 칼을 빌려 주는 것과 같은 것이다."

또 팽조(彭祖)는 이렇게 말했다.

"무릇 남자가 크게 이익을 얻기 바란다면 아직 음양의 도리를 알지 못하는 여자를 얻는 것이 좋다. 14,5세 이상 18,9세 이하의 여자를 얻는 것이 좋지만 많아도 서른이 넘은 여자는 안 된다. 또 비록 서른 살이 안 된 여자라고 해도 이미 아기를 낳은 일이 있으면 남자를 이롭게 할 수 있는 능력이 없다. 이와 같은 여자를 얻어서 양기를 기르고 겸하여 선약(仙藥)을 먹으면 신선이 될 수 있다."

〔해설〕 남자의 상징인 양기를 기르는 데 전념하고 있는 사람, 특히 은밀한 곳에서 이 방법을 쓰고 있는 사람은 대상으로 삼고 있는 여자 이외의 다른 여자에게 그것을 들켜서는 안 된다고 충화자라는 신선은 말하고 있다.

그런데 팽조의 설에 의하면 그 파트너로서는 갓 월경이 나오기 시작한 14,5세 이상 18,9세까지의 처녀가 좋으며 적어도 아이를 낳지 않은 서른 살 미만의 여자가 아니어서는 안 된다고 한다. 그것은 아마도 절정(絶頂)의 즐거움을 아직 맛보지 않은 여자를 상대로 해야 사정(射精)을 하지 않고 끝내는 양양(養陽)의 방법을 쓸 수 있기 때문일 것이다. 교접을 하면서도 사정은 하지 않기 때문에 그 정액(精液)은 에너지로 화하여 체력을 강하게 한다. 이것이 즉 '환정(還精)'의 법인데, 이에 의해서 처녀의 에너지는 남자에게 옮겨져서 점차 체력이 강건해지고, 여기에 겸하여 적절한 선약(仙藥)을 병용하면 신선이 될 수 있다고까지 팽조는 말하고 있다. 그리고 그 구체적인 방법으로 다음과 같은 비법을 공개하고 있다.

또 이렇게도 말했다.

"음양의 교접을 통하여 양기(陽氣)를 얻어 오래오래 건강하게 살기 위해서는 한 여자만을 가지고는 안 된다. 셋이나 아홉 또는 열하나 등 여자가 많을수록 좋다. 그 정액(精液)을 '환정(還精)'의 방법을 써서 상홍천(上鴻泉)으로 되돌리면 몸이 가뿐해지고 눈이 밝아지며 기력이 강성해져 여자가 얼마가 됐건 모두 제압할 수 있게 된다."

〔해설〕 남자와 여자 양쪽 모두의 성욕(性慾)이 맞부딪침으로써 성행위는 이루어지는 것이지만, 아무래도 남자가 능동적이고 여자가 수동적이기 때문에 남자가 여자를 다룬다 또는 제압한다〔御〕는 말이 성립되는 것이다. 그런데 자주 교접하되〔多接〕 사정은 자주 하지 않는〔少泄〕 전제 조건으로서 많은 여자를 바꾸어 가며〔易女〕 다루어야 하는데, 그렇게 함으로써 여러 가지 다른 종류의 기(氣)를 얻을 수 있다고 생각한 것이다. 그리고 파트너로서 상대하는 여자의 수를 3, 9, 11로 한 것은 그 수가 모두 양(陽)의 수이므로 양기를 기르는 데 적합하다고 생각한 것이다.

'상홍천(上鴻泉)'이란 현대 의학에서 말하는 뇌실(腦室)에 해당한다. 환정(還精)은 성욕에 의해서 발동한 정(精)을 억누르고, 여자를 바꾸어 가며〔易女〕 교접함으로써 여자의 기(氣)를 얻어 그것을 숙성(熟成)시켜 가지고, 연기(練氣)·도인(導引) 또는 염력(念力)에 의해서 척수(脊髓)를 거쳐 대뇌(大腦)속의 상홍천으로 올려 모아 에너지가 되게 하는 방법이다. 이것은 인도

요가의 수행법과 비슷한데, 이것이 중국의 육조(六朝)시대에 전래된 것을 도교(道敎)의 수도자들이 개량하여 환정의 방법을 고안해 냈다는 설도 있다.

도교의 수도자들 가운데는 그릇에 담겨 있는 물을 옥경(玉莖)으로 빨아올릴 수 있었다고 한다. 오늘날에도 요가나 호흡법의 권위자들에 의하면 그것은 결코 불가능한 일이 아니라고 한다. 그러나 대단한 수행(修行)이 필요할 것은 말할 나위도 없다.

그것은 그렇고, 여자를 바꾸는 이른바 역녀(易女)의 시기에 관해서는 다음과 같이 기술되어 있다.

또 이렇게도 말했다.

"여자를 다룸에 있어서 일단 동(動)하면 곧 다른 여자로 바꾸도록 한다. 그렇게 하면 오래오래 건강한 삶을 누릴 수 있다. 만약에 한 여자만을 상대로 하면 여자의 음기(陰氣)가 점차 미약해지므로 이익이 되는 바도 역시 적은 것이다."

〔해설〕본문 중의 '일단 동하면 곧 다른 여자로 바꾼다'(一動輒易女)는 말은 두 가지의 해석이 가능하다. 즉 남자가 사정(射精)이 되려 할 때 기분 전환을 꾀하면 오래 교접을 지속할 수 있는데, 이 때 같은 파트너와 계속 교접을 하는 것은 좋지 않으므로 다른 여자로 파트너를 바꾼다고 하는 해석이 그 하나이다. 그러나 여기서의 '동(動)'은 이 책 제 9 장 '십동(十動)'에 나오는 '동(動)'으로서 여자가 절정에 도달하는 것을 뜻한다고 보는 것이 올바른 해석일 것이다.

또 청우도사(靑牛道士)는 이렇게 말했다.

"여자를 자주 바꾸면 이로움이 많다. 하룻밤에 열 명 이상 바꾸면 그보다 더 좋을 수가 없다. 언제나 한 여자만을 상대하면 그 여자의 정기(精氣)가 약해져 남자에게 별로 이로움을 주지 못한다. 그뿐 아니라 그 여자 자신도 바짝 여위고 만다."

〔해설〕청우 도사는 한(漢)나라 때의 신선으로서 언제나 푸른소〔靑牛〕

를 타고 다녔다는 데서 이런 이름이 생겼다고 한다.

한 여자만을 상대하는 것의 해로움은 그 여자의 음기(陰氣)가 약해져 결국은 여자를 바짝 여위게 하는 데 있다. 여기에 바로 많은 여자를 바꾸어 가며〔易女〕다루어야 할 필요성이 있다는 것이다.

《옥방지요(玉房指要)》라는 책에서 팽조는 이렇게 말했다.

"교접(交接)의 법도는 다른 것이 아니라, 서두르지 않고 온화하게 행하는 것을 으뜸으로 삼는다. 아랫배의 단전(丹田)을 살살 문지르다가 더 깊이 들어가 쓰다듬고 또 조금 흔들어 주면 여자의 기(氣)가 발동된다. 여자가 남성을 느껴 기가 발동되면 나타나는 징후(徵候)가 있는데, 그 귀가 술에 취한 것처럼 달아오르고, 유방이 부풀어서 이를 손으로 쥐면 손바닥에 가득 차며, 고개를 자주 꼬고 두 다리를 촐싹이며, 요염한 자태로 남자의 몸에 달라붙는다. 이와 같이 되었을 때 약간 오그리고 얕게 집어넣으면 남자는 여자의 정기(精氣)를 흡수할 수가 있다. 그리고 오장(五臟)의 진액(津液)은 반드시 혀에 있는바, 적송자(赤松子)라는 신선은 이 진액을 '옥장(玉漿)'이라 부르고 이것을 먹으면 음식을 먹지 않아도 된다고 하였다. 교접을 할 때 이 진액을 침〔唾液〕과 함께 많이 빨아먹으면 뱃속이 산뜻해지고 약을 먹은 것처럼 소갈(消渴)이 금세 치유되며 혈액 순환도 좋아지고 피부도 처녀의 살결처럼 윤기가 돌게 된다. 이처럼 도(道)라는 것은 멀리 있는 것이 아니건만 어리석은 속인(俗人)들은 이를 깨닫지 못하고 있는 것이다. 채녀(采女)의 말마따나 즐거움을 누리면서 건강에도 보탬이 되니 이 얼마나 근사한가!"

〔해설〕여기에서 팽조는 양기를 기르는 한 가지 방법으로서 여자의 타액(唾液) 즉 침을 빨아 마시는 것을 소개하고 있다. 보다 자세한 것은 이 책 제4장 '화지(和志)'에 나와 있으므로 여기에서 길게 언급하지는 않겠으나, 타액에 소화를 촉진시키는 작용이 있다는 것과 또 거기에는 호르몬이 들어

있다는 것을 암시하고 있으며 또한 타액을 빨아 마심으로써 성욕도 만족시킬 수 있다고 갈파(喝破)한 것은 놀랄 만한 탁견(卓見)이 아닐 수 없다.

적송자(赤松子)는 중국의 전설 시대의 신선으로서 옥장(玉漿)만을 마시고 다른 음식은 일체 먹지 않음으로써 신선이 되었다고 전해진다. 그리고 소갈(消渴)이란 현대의 당뇨병에 해당하는 소모성 질환을 말한다.

第3章
養　　陰

《옥방비결》에서 충화자는 이렇게 말했다.

"그저 남자의 양기(陽氣)만을 기르려 할 것이 아니라 여자의 음기(陰氣)도 길러야 한다. 서왕모(西王母)라는 선녀는 그 길에 도통한 여인인데, 한번 그녀와 교접을 하고 나면 남자는 금세 병이 들고 만다. 그녀는 화장을 하지 않고도 피부가 고왔으며 늘 우유 제품을 먹고 음악을 즐김으로써 언제나 온화한 마음가짐을 유지했다."

〔해설〕서왕모(西王母)는 신선 세계에 있어서 대표적인 여자인데, 그녀는 양음(養陰)의 방법을 써서 신선 세계로 올라갈 수 있었다고 한다. 그녀는 언제나 우유 제품만을 먹고 즐거운 음악을 들으면서 모든 심리적인 스트레스를 떨쳐 버림으로써 양음(養陰)을 했는데, 그 밖에도 어린 사내〔童男〕의 정기를 흡수했다고 한다. 속인(俗人)이 이것을 본받을 수는 없는 일이지만, 결국 양양(養陽)이나 양음(養陰)이나 그 원리는 같음을 이로써 알 수 있다.

또 이렇게도 말했다.

"남자와 교접함에 있어서는 마땅히 마음을 편안하게 먹고 기분을 안정시켜야 한다. 남자가 아직 준비가 안 되어 있으면 서두르지 말고 기다려야 한다. 흥분을 조금 억누르고 남자의 준비 정도에 맞게

임해야 한다. 혼자 흥분하여 요동을 침으로서 음정(陰精)이 먼저 고
갈되어 버리지 않도록 해야 한다. 음정이 먼저 고갈되면은 그 곳이
텅 비게 되어 풍한(風寒)의 병을 얻게 된다. 또 남자의 외도를 알고
서 질투로 번민하여 바짝 야위는 것도 모두 이 때문이다. 마땅히 조
심하지 않으면 안 된다. "

또 이렇게도 말했다.

"만약 여자가 음기를 기르는 법을 터득하고서 남자와 교접을 하면
사내아이를 잉태할 수 있다. 만약 아이가 되지 않으면 그것이 진액
(津液)이 되어 온몸으로 퍼져 온갖 병이 없어지고 피부도 고와지며
언제나 젊음을 유지할 수 있게 된다. 음기 기르는 법을 자세히 터득
하고 있으면 남자와 늘 교접을 하는 것만으로 9일 동안 아무 것도
먹지 않고도 배고픈 줄 모르고 지낼 수 있다. 병이 들어 '귀교(鬼
交)'를 하는 경우에도 먹지 않고 바짝 야위어 가는데, 하물며 사람
과의 교접에서랴. "

〔해설〕남자의 양기를 기르는 법을 거꾸로 행하는 것이 곧 여자의 음기를
기르는 법이 된다. 남자의 양양(養陽)에 있어서는 사정(射精)을 하지 않는
것이 절대적인 조건인 것과 마찬가지로 여자의 양음(養陰)에 있어서는 양기
와 음기의 화합(和合)이 임신(妊娠)이라는 결과를 초래하게 해서는 안 되는
것을 조건으로 하고 있다. 어디까지나 이것이 진액(津液)으로 화하여 온몸
에 퍼지도록 해야 하는 것이다.

사실 여자에게 있어서 임신·출산처럼 여자의 기력을 빼앗아 가는 것도 없
다. 이렇게 말하면 여자의 임신·출산 내지는 모성(母性) 본능을 모독하는
것같이 들릴지도 모르지만, 아이를 많이 낳은 여자의 기력이 처녀의 기력만
못한 것은 틀림없는 사실인 것을 우리는 경험적으로 알고 있는 것이다.

본문 중에 '9일 동안 아무것도 먹지 않고도 배고픈 줄 모른다'고 되어 있
는 것은 과장된 표현이겠지만, '귀교(鬼交)'라고 하는 성적 신경증에 걸려
있는 여자는 식욕이 있으면서도 바짝 야위어 가는데 하물며 진짜 사내의 기

(氣)를 쏘이면 그만 못하겠느냐고 생각한 것도 무리는 아닐 것이다. 한편 '귀교'에 관해서 고대 동양 의학에서는 이를 매우 중요시했는바, 이 책에서도 제 25장에 그에 관한 것이 자세히 언급되어 있다.

이로써 양기 혹은 음기를 기르는 방법에 관한 대체적인 이야기는 끝난다. 여기에 이어지는 것이 제4장 '화지(和志)'인데, 그것은 곧 남녀간의 정신적인 결합을 뜻하는 말이다. 방중술이 최대 목적으로 삼고 있는 '채기(採氣 ; 기를 얻는 것)'를 행하기 위해서는 남녀 양성의 육체적인 상호 감응(感應)이 필수적인 조건이다. 즉 남녀가 육체적으로 서로 전기가 통해야 하는 것이다. 그러나 그에 앞서 두 사람 사이의 허물없는 정신적 결합이 이루어지지 않고는 진정한 육체적 결합은 이루어질 수 없는 것이다. 이에 관한 여러 가지 기법(技法)을 설명한 것이 바로 제4장 '화지'이다. 요즘 말로 전희(前戱)라고도 해석이 불가능한 것은 아니지만, 그보다는 더 포괄적인 뜻을 가지고 있다. 그러나 실제에 있어서는 전희(前戱)의 기법을 주로 다루고 있는 것은 사실이다.

第4章
和 志

《동현자(洞玄子)》에 이렇게 씌어 있다.

"무릇 하늘은 왼쪽으로 돌고 땅은 오른쪽으로 돈다. 봄·여름이 가면 가을·겨울이 온다. 남자가 부르면 여자가 응답하여 이에 따른다. 이것이 세상 만사의 이치이다. 만약 남자가 불러도 여자가 응답하지 않든가 여자가 먼저 발동하여 남자가 이에 따르지 않는다면 이는 남자와 여자 모두에게 해롭다. 그것은 음양(陰陽)이 어긋나고 위아래가 잘못 되었기 때문이다. 이렇게 교접을 해서는 피차간에 해롭다. 그러므로 반드시 남자는 왼쪽으로 돌고 여자는 오른쪽으로 돌고, 남자는 아래로 찌르고 여자는 위로 맞이해야 한다."

이어서 이렇게 씌어 있다.

"무릇 깊고 얕음[深淺], 빠르고 느림[遲速], 왼쪽·오른쪽[東西]의 변화는 수없이 많다. 마치 붕어가 낚시미끼에 다가갈 때처럼 천천히 찌르는 수법이 있는가 하면, 새가 바람을 만난 것처럼 재빠르게 찌르는 수법도 있다. 깊고 얕게 찌르고 빼고 왼쪽·오른쪽으로 혹은 빨리 혹은 느리게 그때 그때 알맞게 한다."

〔해설〕 이 대목은 '화지(和志)'의 총론에 해당한다.

황하 유역에서 발달한 고대 동양 의학의 이론에서는 자연 현상과 인간의

생명 현상을 대비시켜 이것을 음양 오행설의 사상으로 해석하고 있다.《동현
자》에서 인용한 위의 본문도 그러한 이론을 그대로 따르고 있는바, 하늘은
양(陽)이고 땅은 음(陰)에 해당하며 남자는 양으로서 하늘에 비견되고 여자
는 음으로서 땅에 비유된다. 천지의 운행(運行)은 양은 왼쪽에서 오른쪽으
로, 음은 오른쪽에서 왼쪽으로, 다시 말하면 해는(남쪽을 향하여 서서 볼 때)
왼쪽 즉 동쪽에서 오른쪽 즉 서쪽으로 돌고, 땅은 이와 반대인데, 이러한 자
연 현상을 그대로 인체에도 적용하고 있는 것이다. 그리하여 이와 같은 자연
의 법칙을 그대로 따르지 않고서는 방중술의 목적을 이룰 수가 없다는 것이
다.

　그런데 실제적인 교접의 체위(體位)로서 왼쪽·오른쪽은 여기에서 말하는
것과는 반대가 된다. 이것은 보는 각도(角度)의 문제이다. 즉 마주보고 서
있는 사람들의 경우 그 왼쪽·오른쪽은 서로 정반대가 되는 것과 같다. 하
지만 이것은 원칙론이고 그때 그때 알맞게 하는 것으로 되어 있다.

　또 이렇게도 씌어 있다.
　"무릇 처음으로 교접을 시작하려 할 때 남자는 여자의 왼쪽에 앉
고 여자는 남자의 오른쪽에 앉는다. 남자는 무릎을 꿇고 앉아서 여
자를 품에 안는다. 그러고서 허리를 쓰다듬고 몸뚱이를 애무한다.
이렇게 하여 서로 마음을 맞춘 다음 서로 끌어안고 입을 맞추는데,
남자는 여자의 아랫입술을 여자는 남자의 윗입술을 빨며 거기에서
나오는 침[唾液]을 삼킨다. 그리고 살며시 그 혀를 깨물기도 하고
혹은 그 입술을 깨물기도 하며, 혹은 상대의 머리를 감싸 안기도
하고 혹은 귀를 비틀기도 한다. 이렇게 하여 다른 생각은 다 사라
지고 오르지 색정(色情)만이 남게 되면 여자는 왼손으로 남자의 옥
경(玉莖)을 쥐고 남자는 오른손으로 여자의 옥문(玉門)을 애무한다.
이리하여 남자가 음기에 감응되면 옥경이 내뻗치고 여자가 양기에
감응되면 진액이 흘러나와 옥문이 질퍽해진다. 이것은 음양이 서로
감격한 소치인바 이런 상태에 이르렀을 때 비로소 교접을 해야 한

다. 만약에 남자의 옥경이 내뻗치지 않고 여자의 옥문에 진액이 흐르지 않으면 이는 모두 병이 있기 때문이다."

〔해설〕 여기에서 비로소 이른바 전희(前戱)의 구체적인 방법이 나온다.

선도(仙道)의 방중술에서는 이 전희의 방법이 좀더 구체적으로 전해져 있는데, 손끝에서 어깨까지 그리고 발끝부터 넓적다리까지를 충분한 시간을 들여 애무한다.

발의 애무는 엄지발가락과 검지발가락에서부터 시작하여 점점 위를 향해 올라간다. 이것은 엄지발가락과 검지발가락이 몸의 맨 끝에 있기 때문이다.

또 손에 대한 애무는 가운뎃손가락으로부터 검지와 무명지 등 세 손가락을 번갈아 쓰다듬은 다음 손바닥의 중심부를 애무하고 이것이 전부 끝나면 손 전체를 애무한다. 그러고 나서 위로 옮겨 가는데, 엄지손가락을 뺀 나머지 네 손가락으로 팔의 안쪽을 정성껏 애무하고 이어서 어깨 부분을 또 그렇게 시간을 충분히 들여 애무한다.

손발의 애무가 끝나면 왼손으로 여자의 등을 안고 오른손으로 여자의 국부(局部)를 어루만진다.

또 입을 사용하는 애무에 관해서도 자세하게 전해지고 있는데, 거기에도 순서가 있다. 우선 여자의 이마나 눈에 가벼운 키스를 하는데, 이것은 키스에 목적이 있는 것이 아니라 콧김으로 여자의 신경을 간지럽게 하는 효과를 노리는 것이다. 그런 다음 목덜미, 젖꼭지 등으로 옮겨 가며 키스를 퍼붓고 또는 이빨을 사용하여 살며시 깨물기도 한다.

그런데 '화지(和志)'의 목표가 단순히 생리적인 데 있는 것만이 아님을 강조하고 있는 점에 주목해야 할 것이다. 무릇 교접이 완전히 이루어지려면 필수적인 조건으로서 수치심이 우선 제거되지 않으면 안 된다. 욕망이 불타 오르지 않는 원인의 한 가지가 바로 이 수치심, 즉 이성(理性)에 의한 억제이다. 이것을 재삼 강조하고 있는 것이 다음의 《옥방비결》에 나오는 소녀의 말이다.

《옥방비결》에서 황제가 소녀에게 물었다.
"음양의 도리인 교접이란 대체 어떤 것인가?"

소녀가 이에 대하여 이렇게 아뢰었다.

"교접의 법도에는 원래 형상이 있사옵니다. 남자는 이로써 기운을 북돋우고 여자는 이로써 온갖 병을 제거하는 것이옵니다. 이로써 기분이 좋아지고 몸은 건강해지는데, 이 법도를 모르는 사람은 교접에 의하여 오히려 그 몸이 쇠약해지옵니다. 그 법도를 알고자 하면 우선 편안한 마음[安心]과 온화한 정신[和志]을 가져야 하옵니다. 정신이 안정되면 춥지도 덥지도 않고 배부른 줄도 배고픈 줄도 모르며 심신이 안정되어 성격도 반드시 너그러워져서 부드럽게 집어넣고 서서히 움직여 출입(出入)이 방정맞지 않게 되옵니다. 이것이 교접의 법도이므로 삼가 지켜야 하나이다. 여자가 환희의 경지에 이미 도달하면 남자는 쇠약해지는 일이 없사옵니다."

[해설] 소녀는 여기에서 다시 한 번 '안심(安心)'과 '화지(和志)'를 강조하고 있다. 제1장에서 소녀는 이 밖에 '정기(定氣)'를 더 들고 있었다.

화지(和志), 즉 서로의 마음이 완전히 합쳐지면 모든 것은 저절로 풀린다. 이것이 음양의 도리에 맞는 진정한 교접인 것이다. 만약 이 도리에 어긋나면 성적 신경증인 임포텐스[陰痿, 不能症]를 초래하게 된다. 그럼, 임포텐스가 되었을 경우는 도대체 어떻게 해야 하는가? 그 대답이 다음 대목에서 나온다.

또 황제는 이렇게 물었다.

"요즘 나는 억지로 교접을 하려 해도 옥경이 일어나지 않아 부끄러워 진땀을 흘린다. 마음이 없어서 그런 것이 아닌지라 억지로 손의 힘을 빌고 있는 형편이다. 어떻게 해야 하겠는가?"

이에 소녀가 아뢰었다.

"폐하께서 물으신 것은 누구나 듣고 싶어하는 일이옵니다. 무릇 여자와 교접하려 하면 원래부터 정해져 있는 법도를 따라야 하옵니다. 우선 기분을 온화하게 가져야만 옥경이 일어나는 법이옵니다.

그리고 '오상(五常)'을 따라야만 '구부(九部)'를 느낄 수가 있사옵
니다. 여자에게는 '오색(五色)'이라는 것이 있사옵니다. 그 넘치는
정(精)을 모으고 진액(津液)을 입으로 빨아먹으면 정기(精氣)가 돌
아와 뇌수(腦髓)에 가득차게 되옵니다. 또한 '칠손(七損)'의 해서
는 안 되는 것을 피하고 '팔익(八益)'의 이로운 도리를 행하옵니다.
오상(五常)에 거스르는 일을 하지 않는다면 건강을 유지할 수 있사
옵니다. 올바른 기운이 몸안에 가득하면 무슨 병인들 사라지지 않
을 수 있겠사옵니까? 오장 육부가 아무 탈이 없고 얼굴에 윤기가
돌 것이옵니다. 여자를 상대할 때마다 옥경은 금세 일어날 것이며
기력이 용솟음쳐 상대를 압도하게 될 것이옵니다. 그렇다면 어찌 부
끄러움 따위가 있겠사옵니까."

〔해설〕화지(和志)가 완전히 이루어지지 않으면 진정한 의미의 교접은 이
루어지지 않는다는 것은 앞에서 말한 바 있다. 만약 정신 상태가 밸런스를
유지하지 못한다든가 임포텐스가 되어서는 결코 목적을 달성할 수 없는 것
이다.
　그래서 고대의 방중술에서는 남자의 성기가 흥분했을 때의 형태〔五常〕와
여자의 반응〔九氣〕을 관찰하여 오르가즘을 일치시키는 연구를 한 것이다. 그
리고 바기나〔膣〕의 분비물과 타액의 분비를 촉진시켜 이것을 남자가 빨아먹
음으로써 정기(精氣)를 북돋우고, 또 환정(還精)의 방법으로 뇌(腦)에 이것
을 축적시켜 임포텐스 등의 증상을 치유하는 한편 기력을 용솟음치게 하여
방중술의 목적을 달성하도록 가르치고 있다. 여기에서 나오는 '오상' '구기'
'오색' '칠손' '팔익' 등에 관해서는 이 책 제6장 이하에 각각 자세히 설명되
어 있다.

《옥방지요》에서 유경(劉京)이라는 도사(道士)는 이렇게 말했다.
　"무릇 여자를 다루는 법도는 우선 정성껏 시간을 들여 애무하여
여자의 마음이 움직이게 된 다음에 교접하는 데 있다. 그래도 딱딱

한 듯하면 곧 빼고, 들고남[出入, 進退]에 있어서 언제나 부드럽고
완만해야 한다. 또한 세게 집어넣지 말아야 한다. 그러면 오장이 상
하여 온갖 병이 생기게 된다. 그리고 다만 교접을 하되 사정(射精)
은 하지 않아야 한다. 하루에 수십 번 교접을 하되 사정을 하지 않
으면 온갖 병이 깨끗이 사라지고 점점 건강해져 오래오래 살 수 있
게 될 것이다."

〔해설〕화지(和志) 및 전희(前戲)에 이어 방중술을 행하는 포인트를 명쾌
하게 밝힌 이 대목은 유경이라는 도사의 말에서 인용한 것이다.
《열선전전(列仙全傳)》에 의하면 유경은 한(漢)나라 문제(文帝;BC179~156)
때 사람으로서 운모주영(雲母朱英)을 먹고 오래 살았다고 한다. 위(魏)나라
무제(武帝) 때 거리에 나타났다고 하므로 적어도 300년 이상 살았던 셈이 된
다.
　이 짧은 글에서 유경(劉京)은 방중술의 요점으로서 충분한 애무, 부드러운
액션(action), 그리고 다접(多接)·소설(少泄)의 원칙을 강조하고 있다.
　음양이 서로 감응〔相感〕하지 않은 상태에서 교접을 하면 비단 신기(神氣)
를 손상할 뿐 아니라 수명도 짧아지게 된다는 것이다. 그리고 비록 음양의
상감(相感)이 있더라도 그 액션이 완만하고 부드럽지 않으면 안 된다는 것
이다.
　마지막의 다접(多接)·소설(少泄)의 원칙은 방중술 최대의 요점이므로 그
렇다고 치더라도, 화지(和志) 즉 음양 상감의 중요성을 재삼 되새겨 보아야
할 것이다.
　이 책의 다른 모든 것은 그만두고라도, 독자 여러분이 이 책을 읽고 무드
와 소프트 즉 분위기와 부드러움의 중요성만이라도 깊이 깨달을 수 있다면,
여러분은 방중술의 대가(大家)는 못될지언정 소가(小家)는 될 수 있을 게다.

《현녀경》에서 황제는 현녀에게 이렇게 물었다.
"교접을 함에 있어서 어떤 때는 여자가 즐거워하지 않거나 혹은
그 액(液)이 나오지 않으며, 또 어떤 때는 남자의 옥경이 강하게

일어나지 않고 작고 힘이 없는 경우가 있는데 그것은 무슨 까닭인가?"

현녀가 이렇게 아뢰었다.

"음양은 서로 느껴야만 감응하는 것이옵니다. 그러므로 양(陽)도 음을 느끼지 못하면 즐거워하지 않고 음(陰)도 양을 느끼지 못하면 반응이 없는 것이옵니다. 남자가 교접하고자 해도 여자가 싫어하거나 여자는 교접하길 원하나 남자에게는 그럴 마음이 없으면 두 마음이 조화되지 않아 정기(精氣)가 감응되지 않사옵니다. 그럴 때 갑자기 올라가서 난폭하게 집어넣고 교접을 해도 결코 즐거움을 누릴 수는 없는 것이옵니다. 남자는 여자를 원하고 여자 또한 남자를 원할 때 비로소 두 마음이 조화되어 다같이 즐거움을 누릴 수가 있게 되옵니다. 이리하여 여자가 흥분해서 떨고 남자의 옥경(玉莖)이 힘차게 내뻗쳐 유서(兪鼠 ; 클리토리스)를 건드려 정액이 흘러나오거든, 옥경을 혹은 서서히 혹은 재빠르게 자유자재로 운동시키옵니다. 그러면 이에 맞추어 옥문(玉門)은 입을 열어 이를 받아들이고 혹은 욱죄어 이를 놓치지 않으려 하되 서로 힘든 줄을 모르옵니다. 이렇게 정(精)을 흡수하고 기(氣)를 끌어들여 여자는 그 주실(朱室 ; 자궁)을 윤택하게 하옵니다. 여기에서 '구법(九法 ; 제12장)'에 대하여 말씀드리겠옵니다. 그것은 늘이고 줄임[伸縮], 엎드림과 누움[俯仰], 전진과 후퇴[前却], 옆으로 꼼[屈折]이 갖추어져 있사옵니다. 폐하께서는 이를 잘 알아서 행하시고 틀림이 없도록 하옵소서."

〔해설〕이 대목의 앞부분은 음양이 서로 감응하지 않은 경우, 뒷부분은 음양이 상감(相感)한 경우 즉 화지(和志)의 극치에 달한 경우의 전희(前戲)를 나타낸 것이다. 여기서 주의할 것은 본문 중의 서술이 결코 사정(射精)에 이르는 성행위 그 자체가 아니라 모두 전희(前戲)의 기교라는 것이다.

유서(兪鼠)란 빈 배〔虛舟〕 안에 있는 쥐란 뜻으로서 클리토리스를 가리키는 방중술의 특수 용어이다. 주실(朱室)도 마찬가지로 자궁강(子宮腔)을 말한다.

　본문 중 '여기에서 구법에 대하여 말씀드리겠사옵니다'는 구절이 나오는데
이것은 이 책 제12장 '구법(九法)'을 가리키는 것으로서, 《현녀경》원본에는
이 대목에 바로 이어서 그 대목이 나오는 모양이다. 《현녀경》의 원본은 지
금 전해지지 않고 있다.

　앞에서도 이야기했지만, 지금까지의 본문 서술은 본격적인 성행위에 관한
것이 아니라, 이른바 전희(前戲)에 해당하는 것임을 알아야 한다. 아니, 어
쩌면 방중술에서는 본격적인 성행위는 없고 오직 전희만이 있을 뿐인지도
모른다. 그것은 방중술의 최대 목표가 사정(射精)에 있는 것이 아니라는 것
을 알면 이해할 수 있을 것이다.

　또 사정을 하지 않는다. 즉 사정을 억제한다고 하는 것은 방중술의 가장
기본이 되는 명제(命題)에서 비롯하는 것이다. 다시 말하면 불〔火〕인　남자
가 일찍 꺼져 버린다면 물〔水〕인 여자는 결코 부글부글 끓을 수가 없다. 물
도 끓기 전에 불이 꺼져 버린다고 해서야 보양(補陽)은　그만두고라도 도대
체 왜 성행위를 해야 하느냐는 불평 불만이 우선 튀어나올지도 모른다.　따
라서 첫째 여자를 먼저 화끈하게 달아오르게 하는 것이 중요하다. 그러고 나
서야 방중술이고 양생술(養生術)이고를 이야기할 수 있지, 그렇지 않고서는
죽도 밥도 아닌 것이다.

　그런데 여자를 화끈하게 달아오르게 하기 위해서는 두 가지 요건이 필요
하다. 그 하나는 정신이요, 그 둘은 생리 즉 육체이다. 이것을 합하여 '화지
(和志)'라 하고, 육체적인 것만을 따로 떼어서 말할 때 '전희(前戲)'라는 말
을 쓴다. 그 '전희'도 통속적으로 이해하는 바와 같이 입이나 손으로 하는
애무에 국한되지 않는다. 정신이 얼마나 중요하냐 하는 것은 사랑하는 연인
과의 성행위와 자기 혼자서 하는 자위 행위를 비교해 보면 금세 알 수 있다.
생리적으로 오르가즘에 도달하기는 마찬가지이다. 그러나 심리적인 만족감
에는 하늘과 땅의 차이가 있다.　부부(夫婦) 사이라고 해서 언제나 한결같
은 정신 상태에 있다고 착각해서는 안 된다. 특히 여자는 무드에 약하다는
것도 잘 알려져 있는 사실이다. 이 무드와 부드럽고도 끈기 있는 애무로 여
자를 우선 녹여 놓지 않고서는 얼마 타지 못할 불로 부글부글 끓게 할 수는

도저히 불가능한 일인 것이다.

　현대인들은 전희(前戱)라고 하면 키스나 패팅 정도를 생각하고 좀더 아는 사람이래야 크리닝그스 혹은 페라티스(성기에 대한 키스) 정도를 행한다. 그러고 난 다음에는 곧바로 페니스(방중술에서는 '옥경'이라고 한다)를 바기나(방중술에서는 '옥문'이라고 한다) 깊숙이 집어 넣고 전진·후퇴의 운동을 땀을 뻘뻘 흘리며 열심히 행한다. 그러나 여기에는 빠뜨린 것이 하나 있다. 즉 페니스를 사용한 애무이다.

　사실 손이나 입만으로 오랜 시간 애무를 한다는 것은 남자로서도 여간 일이 아니지만, 여자도 맛사지를 받는 것이 아닌 이상에는 견디기 힘든 일이 아닐 수 없는 것이다. 충분히 시간을 들인다고 해도 그것은 정도 문제이다. 따라서 본격적인 인서트(성기의 삽입)도 아니고 그렇다고 해서 인서트가 아닌 것도 아닌 중간 단계가 필요한 것이다. 그것이 바로 페니스에 의한 클리토리스의 애무이다. 이것은 인서트라기보다는 차라리 접촉이라고 하는 것이 올바른 표현일지도 모른다. 그만큼 얕게 삽입해야 한다. 마치 구멍 속을 살며시 살피듯이 말이다.

　다음에 이어지는 제5장에서는 화지(和志)가 충분히 이루어진 다음에 행하는 본격적인 성행위의 돌입에 관한 기법을 설명하고 있다.

第5章
臨 御

《동현자(洞玄子)》라는 책에 이렇게 씌어 있다.

"무릇 처음으로 교접을 할 때에는 먼저 앉아서 (애무를) 한 다음에 누워서 (애무를) 한다. 여자는 왼쪽에 남자는 오른쪽에 눕는데, 이렇게 자리를 잡은 다음 여자로 하여금 편안한 자세로 똑바로 눕게 하고 남자가 그 위에 엎드린다. 그리고 여자가 벌린 가랑이 사이에 남자는 무릎을 꿇고서 단단해진 옥경(玉莖)의 측면으로 옥문(玉門)의 입구를 살며시 건드린다. 입을 쪽쪽 맞추고 그 혀를 빨며 유방을 주무르고 유서(兪鼠 ; 클리토리스)의 측면을 문지른다. 이렇게 하여 서로의 마음이 완전히 서로를 원하게 되면 비로소 옥경의 끝으로 옥문의 위아래를 찌르고 옆을 건드리며 유서에 밀착시킨다. ＊그러다가 여자의 분비물이 질탕하게 나오기 시작하거든 비로소 옥경을 옥문에 가볍게 집어넣고 여자로 하여금 마음껏 그 정액(精液)을 쏟도록 한다. 여자의 분비물이 질탕하게 쏟아져 위로는 신전(神田 ; 음핵포피)을 적시고 아래로는 유곡(幽谷 ; 질전정의 주름)을 적시는데 이 때 옥경을 움직여 찌르고 비벼대면 여자는 반드시 깊이 넣어 주기를 원하여 요동을 치게 된다. 그러면 옥경을 꺼내어 깨끗한 수건으로 그 분비물을 닦아 낸 다음 깊숙이 집어넣고서 왼쪽으로 찌르고 오른쪽으로 빼고 혹은 빠르게 혹은 느리게, 혹은 깊숙이 혹은 얕게 운동시키는데, 여자의 상태를 보아 가면서 그것을 조정하도록 한다. 즉 여자가 절정에 도달하는 것 같으면 빠르게 찌르고 빠르게 빼며 그 유서(클리토리스)를 공격하고 그 양쪽 옆을 문지른다. 이 때 남자는 힘들이지 말고 얕고 가볍게 옥경을 운동시키면 여자는 완전히 절정에 달하여 그 액(液)을 펑펑 쏟게 된다. 그러면 남자는 옥경을 거두어 들이는데, 이 때 반드시 옥경을 산 채로 거두어 들여야 한다. 만약 옥경이 흐물흐물 축 늘어져서(죽어서) 나오게 되면 대개 남자에게 손해가 되는 것이다. 특히 조심하지 않으면 안 된다. "

〔해설〕이 대목은 이 책 제4장 '화지(和志)'의 처음에 나오는 《동현자》의 인용문에 이어지는 문장으로서, 두 부분으로 나뉘어 있다. 위 본문 전단 중간의 *표가 있는 부분의 주석(註釋)에 '이상은 밖에서 시행하는 것으로서 아직 안에 집어넣은 것은 아니다'라고 되어 있다. 그러니까 *표 앞에까지는 앞에서 말한 '페니스에 의한 애무'에 해당하는 것이라 하겠다.

*표 뒷부분은 실제적인 교접, 즉 성교(性交)의 총론에 해당하는 것으로서, 《동현자》 원본에서는 이에 연이어 이 책 제13장 '삼십법(三十法)'이 서술되어 있을 것이리라. 즉 '삼십법'의 제1법에서 제4법까지의 전희(前戲)의 총론이 *표 앞부분에 해당하고, 그 뒷부분이 제5법에서 제30법까지에 해당하는 것으로 추측되는 것이다.

여기서는 서서히, 그리고 그때그때의 여자의 상황에 따라 동작하는 요령을 설명하고 있으며, 특히 여자가 오르가즘에 도달하여 분비물을 펑펑 쏟은 다음, 페니스가 시들어 버리기 전에 모든 것을 끝내야 한다는 것을 강조하고 있다. 그렇지 않으면 반드시 장애를 일으킨다는 것이다.

이 대목에서 페니스를 집어넣는 방법에 관해서 말하고 있는 원리는 동양의학의 침술의 기법과 닮은 점이 있는 것이 눈에 띈다. 자세히 대비해 보고 싶은 독자는 《황제내경・영추》의 구침십이원편(九鍼十二原篇)이나 《황제내경・소문》의 팔정신명론편(八正神明論篇)을 읽어 보기 바란다.

한 가지 밝혀 둘 것은 위의 본문 중에는 원래 여자 성기의 국부적인 명칭이 다수 나와 있으나, 이 번역에서는 적절히 풀어 썼다. 왜냐하면 위아래, 깊고 얕음 정도는 쉽게 이해할 수 있으나, 일반 독자들이 그 세밀한 부분을 일일이 골라 가며 공격할 수는 없을 것이라고 믿기 때문이다.

《소녀경》에서 황제는 이렇게 물었다.

"음양의 교접에서는 법도를 귀하게 여기는가?"

이에 소녀가 이렇게 아뢰었다.

"여자를 다룰 때에는 우선 여자로 하여금 네 활개를 펴고 편히 누워 두 발을 구부리게 하옵니다. 남자는 그 가랑이 사이로 들어가 여자와 입을 맞추고 그 혀를 빨며 옥경(玉莖)으로써 옥문(玉門)의 양쪽 옆을 건드리옵니다. 한동안 이렇게 하다가 옥경을 서서히 집어넣사옵니다. 두툼하고 큰 경우는 1촌 반(약 5cm), 약하고 작은 경우는 1촌(약 3cm) 가량 집어넣사옵니다. 이 때 옥경을 야단스럽게 흔들지 말고 서서히 꺼내고 서서히 집어넣으면 온갖 병이 사라지옵니다. 또한 (분비물이) 옆으로 새어나가게 해서도 안 되옵니다. 옥경이 옥문 안에 들어가면 자연히 달아오르고 또한 급해지옵니다. 여자도 역시 그 몸을 움직여 위에 있는 남자와 더불어 같이 달아오릅니다. 이렇게 된 다음에 비로소 깊숙이 집어넣으면 남녀의 온갖 병이 사라지는 것이옵니다. 얕게 유서(兪鼠 ; 클리토리스)를 찌르고서 입을 꼭 다물고 3촌 반(약 10cm)가량 집어넣사옵니다. 그리고 조금씩 더 밀어넣어 끝까지 들어간 다음 옥경을 왕래시키옵니다. 그리고 여자의 입에 남자의 입을 대고서 그 기(氣)를 빨아들이고 구구의 도(九九之道)를 행하나이다. 음양 교접의 법도는 이와 같사옵니다."

〔해설〕 이 대목에서는 주로 페니스의 움직이는 방법을 설명하고 있다. 여기서 1촌이나 3촌이니 하는 것은 이른바 동신촌(同身寸)으로서, 남자는 왼

손, 여자는 오른손의 검지손가락 첫째 마디의 길이를 1촌이라고 하는 것이다.

또 '구구의 도(九九之道)'라 함은 이 책 제12장 '구법(九法)'과 제14장 '구상(九狀)'을 말하는 것인데, 이 대목도 역시 성교의 총론에 해당하는 것이므로 자세한 기법(技法)은 각각 제12장, 제14장에서 살펴보기로 하자.

이상으로써 제5장은 끝난다. 이어서 제6장의 '오상(五常)'이 나오는데, 이는 제4장에서 소녀가 황제에게 '오상을 따라야만 구부를 느낄 수 있다'고 한 것에 대한 부연 설명이다.

第6章
五常

《옥방비결》에서 황제가 이렇게 물었다.

"오상(五常)이란 무엇을 말하는 것인가?"

소녀가 아뢰었다.

"옥경 자체에도 실은(인간에서와 마찬가지로) 오상의 도리가 있는 것이옵니다. 깊숙한 곳에 들어앉아 절도(節度)를 가지고 자기 자신을 지키고 안으로는 또한 덕(德)을 지니고 있어 남에게 베푸는 일에 있어서 인색하지 않은 것이 참으로 군자(君子)라 하지 않을 수 없사옵니다. 무릇 옥경이 남에게 베풀려고 하는 뜻을 가지고 있는 것은 인(仁)의 소치이옵니다. 또한 가운데가 비어 있음은 의(義)의 소치요, 끝에 마디가 있음은 예(禮)의 소치요, 생각이 있으면 일어나고 생각이 없으면 그만두는 것은 신(信)의 소치요, 일에 당하여 낮은 데로부터 우러러봄은 지(智)의 소치인 것이옵니다. 그러므로 진인(眞人)은 이와 같은 오상의 도리에 따라서 그 욕망을 조절하는 것이옵니다. 옥경이 비록 어질어서[仁] 베풀고자 하여도 단단해지지 않는 경우는 그 의(義)가 지금은 때가 아님을 주장하고 나서기 때문인즉 어찌 베풀고자 한다고 해서 베풀 수가 있겠사옵니까? 또 마땅히 베풀어도 좋을 때는 예(禮)가 절도를 가지고 음경의 끝에 마

디를 만드옵니다. 진정한 마음으로 이것을 유지하는 것은 이미 신
(信)이 거기 있는 까닭이옵니다. 이것이 바로 교접의 도리이옵니다.
따라서 오상의 도리를 잘 따르면 능히 오래오래 건강하게 살 수 있
는 것이옵니다."

〔해설〕소녀는 여기에서 페니스가 흥분하는 경우를, 인륜 도덕의 다섯 가
지 조목인 인(仁)·의(義)·예(禮)·지(智)·신(信)에 비교하여 다섯 가지로
설명하고 있다.

페니스가 내뻗쳐 커지는 것을 인(仁)에 비유했는데, 이것은 성욕을 느끼고
사정(射精)하고자 하는 것에 남을 위하여 베푼다는 의미를 부여하고 있는
것이다.

또한 의(義)와 예(禮)의 덕목에 비유한 두 가지 형상은, 페니스의 체부(體
部)가 해면체 실질(海綿體實質)로 되어 있는 것을 가운데가 비어 있다고 표
현하여 의(義)에 비유하고, 내뻗쳐진 귀두 부분을 마디〔節〕로 보아 절도(節
度)가 있는 예(禮)에 비유한 것이다. 신(信)의 덕으로 비유한 것은 마음에
따라 일어나 내뻗치기도 하고 수그러지기도 하는 형상을 가리킨 것이고, 흥
분하여 일어선 모양이 마치 현자(賢者)를 우러러보는 것과 같은 데서 또한
지(智)에 비유한 것이다.

그런데 여기에서 가르치고 있는 것은 결코 욕망대로 움직이지 말고 일정
한 억제를 가해야 한다는 점이다. 다시 말하면 교접을 해도 사정하지는 말
라는 가르침인 것이다. 그것이 곧 오래오래 건강하게 살 수 있는 비결이라
는 것이다. 즉, 인·의·예·지가 갖추어졌다 하더라도 그것을 조절할 수 있는
신(信)의 덕이 갖추어져 있지 않으면 방중술은 성립되지 않는다. 남자의 옥
경에 신(信)의 딕이 있음으로써 방중술의 비결인 '다접(多接)·소설(少泄)'
은 비로소 가능해지는 것이라 하겠다.

이에 이어지는 제7장에서부터 제11장까지는 모두 여자에게 있어서의 성
적 욕망이 어떻게 나타나는가 하는 문제를 다루고 있다. 무릇 남자와 여자
는 오르가즘에 도달할 때까지의 시간이나 타입이 근본적으로 다르므로 그것
을 잘 이해하지 않고서는 방중술의 진수(眞髓)를 얻을 수 없다.

第7章
五 徵

《옥방비결》에서 황제가 이렇게 물었다.

"여자가 쾌감을 어느 정도 느끼고 있는지는 무엇으로써 알 수 있는가?"

이에 대하여 소녀가 아뢰었다.

"오징(五徵), 오욕(五欲)이 있고 또 십동(十動)이라는 것이 있사온데, 그 변화를 보고서 알 수 있사옵니다.

무릇 오징은 다음과 같사옵니다.

첫째 얼굴이 붉어지는 것이옵니다. 이런 경우에는 서서히 교접을 시작해도 되옵니다.

둘째는 유방이 단단해지고 코에 땀이 나는 것이옵니다. 이런 경우에는 서서히 옥경을 집어넣사옵니다.

세째는 목이 마른 듯 침을 삼키는 것이옵니다. 이런 경우에는 옥경을 서서히 움직이옵니다.

네째는 옥문이 미끌미끌해지는 것이옵니다. 이런 경우에는 옥경을 서서히 깊숙하게 집어넣사옵니다.

다섯째는 분비물이 엉덩이로 흘러내리는 것이옵니다. 이런 경우에는 옥경을 서서히 뽑아내옵니다."

〔해설〕 여자가 쾌감을 어느 정도 느끼고 있는지를 알기 위해서 다섯 가지 징후를 보고 이에 대처하는 방법을 밝힌 것이 제7장 '오징(五徵)'이고, 여자가 바라는 바를 드러내는 다섯 가지 반응이 제8장 '오욕(五欲)'이며, 여자가 어느 정도의 쾌감에 이르렀을 때 무의식적으로 나타내는 열 가지 동작이 제9장 '십동(十動)'이다.

우선 오징(五徵)은 남자의 '合·內·搖·深·引'의 액션을 여자가 어떤 징후를 보일 때 적절히 구사해야 하는가 하는 문제를 다루고 있다. 다시 말하면 여자가 어떤 징후를 보일 때 교접을 시작하며〔合〕, 어떤 징후를 보일 때 페니스를 집어넣고〔內〕, 어떤 경우에 움직이며〔搖〕, 또는 깊숙이 찌르고〔深〕, 또는 뽑아내야〔引〕 남녀간의 타이밍이 맞는가 하는 것을 다루고 있는 것이다. 우리는 여기에서 다시 한 번, 고대 동양의 방중술이 음양의 화합 즉 남녀간의 화합을 얼마나 중요시하고 있는가를 확인한 수가 있다. 남녀 두 기〔二氣〕가 화합되지 않는 성행위는 강간과 다를 바 없다. 거기에서는 양생(養生)은 커녕 기쁨 또한 얻을 수 없는 것이다. 비록 방중술이 남자 본위로 되어 있기는 하지만 결코 자연과 인정(人情)을 벗어난 공리공론(空理空論)은 아닌 것이다.

第 8 章
五　　欲

이어서 소녀가 아뢰었다.

"오욕(五欲)에 따라서 일어나는 여자의 변화는 다음과 같사옵니다.

첫째 교접을 원하는 경우는 숨을 몰아쉬옵니다.

둘째 옥경을 어서 맞아들이자 원하는 경우는 입이 헤 벌어지고 코가 벌름벌름하옵니다.

세째 절정에 달하려 하면 몸을 떨며 남자를 힘껏 포옹하옵니다.

네째 쾌감을 느끼기 시작하면 땀이 흘러 옷을 적시옵니다.

다섯째 쾌감이 절정에 달하게 되면 몸이 뻣뻣해지고 눈이 감기옵니다."

〔해설〕오욕(五欲)은 여자가 무엇을 바라고 있는지를 알기 위한 감별법을 다루고 있다. 현대 의학적으로 보면 첫째 반응은 호흡을 맞추어 리듬을 일치시키는 것을 가리키고, 둘째 반응은 얼굴 근육의 강직(强直)내지 연축(攣縮)에 의한 표정의 변화를 말하는 것이며, 세째 반응은 사정(射精)이 지연될 때의 반응이고, 네째 반응은 오르가즘에 이르는 시간적 경과가 긴 경우에 나타나며, 다섯째 반응은 오르가즘의 절정에서 온몸 특히 팔다리의 근육이 강직되는 모양을 나타내는 것이다.

第 9 章
十 動

이어서 소녀는 이렇게 아뢰었다.

"십동(十動)은 다음과 같사옵니다.

첫째는 두 손으로 남자를 껴안는 것인데, 이는 몸을 착 붙이고 서로의 것을 밀착시키고자 하기 때문이옵니다.

둘째는 두 다리를 쭉 뻗는 것인데, 이는 그 윗부분을 마찰시키고자 하기 때문이옵니다.

세째는 복부가 팽팽히 긴장되는 것인데, 이는 절정에 도달하고자 하는 것이옵니다.

네째는 엉덩이를 움직이는 것인데, 이는 쾌감을 느끼고 있기 때문이옵니다.

다섯째는 두 발을 들어올려 남자를 휘감는 것인데, 이는 깊숙이 집어넣어 주기를 바라기 때문이옵니다.

여섯째는 두 다리를 꼬는 것인데, 이는 그 안이 근질근질하여 그러는 것이옵니다.

일곱째는 (허리를) 옆으로 혼드는 것인데, 이는 좌우 양쪽으로 깊숙이 찔러 주기를 바라기 때문이옵니다.

여덟째는 윗몸을 들어올려 남자에게 매달리는 것인데, 이는 쾌감이 절정에 달하고 있기 때문이옵니다.

아홉째는 몸을 쭉 뻗는 것인데, 이는 온몸으로 쾌감이 번져나가기 때문이옵니다.

열째는 음액(陰液)이 매끄러운 것인데, 이는 이미 여자가 그 정(精)을 다 쏟았기 때문이옵니다.

이상과 같은 것으로써 여자가 쾌감을 어느 정도 느끼고 있는지를 알 수 있는 것이옵니다."

〔해설〕여기에서는 여자가 어느 정도의 성적 흥분 상태에 있을 때 무의식적으로 보이는 동작이 무엇을 바라고 있기 때문인가를, 오징(五徵), 오욕(五欲)과는 다른 각도에서 관찰하고 있다. 그 목적은 여자가 바라는 바에 따른 기법(技法)을 적절히 구사할 수 있기 위함이다. 위에 열거한 십동(十動)이 언제나 모두 나타나는 것도 아닐 뿐만 아니라 개인적인 차이도 많다. 그러나 아뭏든 여자가 무엇을 바라고 있는가를 헤아려 그에 따른 적절한 기법을 구사함으로써 음양 교접의 실효를 거둘 수 있도록 가르치고 있는 것은 지극히 정당한 일이 아닐 수 없다.

이상의 오징(五徵)·오욕(五欲)·십동(十動)은 소녀(素女)가 밝힌 여자의 성적 반응이지만, 다음 장에서는 현녀(玄女)가 등장하여 또 다른 각도에서 남녀간의 성욕의 경과를 밝혀 준다.

第10章
四 至

《현녀경》에서 황제가 이렇게 물었다.

"마음은 교접하기를 바라는데도 옥경이 일어서지 않는데, 그래도 무리하게 사용해야 할지 어떨지?"

이에 대하여 현녀가 아뢰었다.

"안 되옵니다. 무릇 교접을 하고자 함에 있어서는 남자가 사지(四至)를 거쳐서 여자의 구기(九氣)를 이르게 해야 하는 것이 도리이옵니다."

그러자 황제가 다시 물었다.

"무엇을 사지(四至)라 하는가?"

현녀가 이에 대하여 아뢰었다.

"옥경이 성내지 않으면 화기(和氣)가 이르지 않사옵니다. 성내어도 크게 되지 않으면 기기(肌氣)가 이르지 않사옵니다. 크게 되어도 단단해지지 않으면 골기(骨氣)가 이르지 않사옵니다. 단단해져도 뜨거워지지 않으면 신기(神氣)가 이르지 않사옵니다. 따라서 옥경이 성내는 것은 교접하고자 하는 뜻의 나타남이요, 크게 되는 것은 교접을 시작할 수 있음을 나타내는 것이고, 단단해지는 것은 교접을 오래 지속시킬 수 있도록 하는 것이며, 뜨거워지는 것은 사정(射

精)을 할 수 있도록 하는 것이옵니다. 이와 같은 네 가지 기[和氣,
肌氣, 骨氣, 神氣]가 이르러야 교접을 원만히 치를 수 있는데, 이것
을 (오상—제 6 장.; 五常—의) 도리로써 조절하옵니다. 교접하고자
원한다고 해서 무리하게 함부로 해서는 안 되는 것이며, 또한 함부
로 사정(射精)하지 않도록 해야 하는 것이옵니다."

〔해설〕 사지(四至)란 페니스의 성냄〔怒張〕·크게 됨〔肥大〕·단단해짐〔堅
硬〕·뜨거워짐〔發熱〕의 상태를 가리키는 것으로서, 이렇게 되는 요인으로서
각각 화기(和氣)·기기(肌氣)·골기(骨氣)·신기(神氣)라는 생명의 에너지
를 상정(想定)하고 있다.

오상(五常)이나 사지(四至)나 모두 남자의 성적 흥분의 육체적 매카니즘
을 면밀히 관찰한 데서 얻어진 이론이라고 하지 않을 수 없다. 아니, 이론이
라기보다는 생리 현상 그 자체를 명쾌하게 해명해 놓고 있다 하겠다. 따라
서 이와 같은 생리 현상의 매카니즘에 거슬리는 행위는 자연 법칙을 어기는
결과가 될 것은 뻔한 일이다.

그런데 사지(四至)의 설명이 부정문의 형식을 취하고 있는 점에 주목할 필
요가 있다. 이것이 다음 장에 나오는 여자의 구기(九氣)와 다른 점으로서,
화지(和志)가 완전히 이루어진 경우에는 비록 여자의 구기(九氣)가 이르지
않더라도 음양의 교접은 가능하다. 그러나 남자의 사지(四至)는 그것이 완
전히 이르지 않으면 음양의 교접은 불가능하다. 다시 말하면 사지(四至)라
는 현상은 남자에게 있어서 불가결의 조건인 것이다.

또 한 가지 주목해야 할 점은 '남자가 사지(四至)를 거쳐서 여자의 구기
(九氣)를 이르게 해야 한다'는 대목이다. 이것은 음양 교접의 경과가 남자보
다는 여자가 더 길고 그 타입도 다르다는 것을 강조하고 있는 것이다.

第11章
九　気

앞에 이어서 황제가 말했다.

"좋은 말이로다! 그러면 여자의 구기가 이르는 것은 무엇으로써 이를 알 수 있는가?"

이에 대하여 현녀가 아뢰었다.

"아뢰겠사옵니다.

첫째 여자가 숨을 크게 쉬고 침을 삼키는 것을 보고 폐기(肺氣)가 이르렀음을 아옵니다.

둘째 소리를 내면서 남자의 입을 빠는 것을 보고 심기(心氣)가 이르렀음을 아옵니다.

세째 남자를 끌어안고 떨어지지 않는 것을 보고 비기(脾氣)가 이르렀음을 아옵니다.

네째 옥문(玉門)이 매끈매끈해지는 것은 신기(腎氣)가 이르렀음을 나타내는 것이옵니다.

다섯째 은근히 남자를 무는 것은 골기(骨氣)가 이르렀음을 나타내는 것이옵니다.

여섯째 발을 들어 남자를 휘감는 것은 근기(筋氣)가 이르렀음을 나타내는 것이옵니다.

　일곱째 남자의 옥경을 만지작거리는 것은 혈기(血氣)가 이르렀음을 나타내는 것이옵니다.

　여덟째 남자의 젖꼭지를 만지작거리는 것은 육기(肉氣)가 이르렀음을 나타내는 것이옵니다.

　오래도록 함께 교접하여 제대로 감응(感應)이 되면 아홉 가지 기[九氣]가 모두 이르게 되옵니다. 그렇게 되지 않으면 건강이 상하게 되옵니다. 따라서 적절한 방법을 써서 아홉 가지 기가 모두 이르게 되도록 해야 하는 것이옵니다."

　〔해설〕이 장의 제목은 구기(九氣)로 되어 있으면서도 현녀(玄女)는 여덟 가지밖에는 설명하고 있지 않다. 동양 의학에서는 목·화·토·금·수의 오행(五行)에 간(肝)·심(心)·비(脾)·폐(肺)·신(腎)의 오장을 배당하고 그 오장의 표현으로서 근(筋)·혈(血)·육(肉)·피(皮)·골(骨)을 이야기하는 것이 일반적인 이론이다. 그런데 위의 본문 중에서는 간기(肝氣)와 피기(皮氣)가 빠져 있다. 아마도 구기(九氣)의 극치는 간(肝), 피(皮)에 상당하는 것이 아닐까 추측되는데, 침구(鍼灸)의 경락 학설에서는 간(肝)이 궐음경(厥陰經)의 맨 마지막에 위치하고 있는 것이다.

　구기에 설명되어 있는 현상을 고찰해 보면, 첫째 징후는 호흡의 수(數)와 기량(氣量)의 증가 및 타액선(唾液腺;침샘)의 분비 과다에 의한 무의식적인 연하(嚥下)를 가리키는 것으로서, 교접의 첫째 단계에서 여자의 육체적 징후는 이렇게 시작되는 것이다. 그리고 경락(經絡) 학설에 의하면 폐의 기능이 활발해지므로 그와 같은 현상이 일어난다고 말하고 있는 것이다.

　둘째 징후는 흥분됨에 따라 나타내는 소리와 동작을 말한 것으로서, 이 경우는 심경(心經;경락 학설에서 말하는 心의 계통)의 변동에 의한 결과라고 설명하고 있다.

　셋째 징후는 흥분이 높아짐에 따라 반사적으로 남자의 품을 파고드는 상태를 말하고 있다.

　네째 징후도 역시 분비(分泌) 기능이 활발해지는 현상을 말하는 것으로서, 여자의 질(膣) 내부에서 분비물이 나오는 것은 흥분 상태가 고도에 달했음

을 나타내 주는 징후인 것이다. 이 경우에 신기(腎氣)가 이르렀다고 한 것은
동양 의학에서는 신(腎)을 생식 기능의 중추(中樞)로 보고 있기 때문이다.

이어서 오르가즘에 도달하여 무의식중에 남자를 무는 것이 다섯째 징후이
다. 여기에서 더 나아가면 네째 징후까지의 소극적인 태도나 수치심이 없어
지고 여자 쪽에서 본능적으로 적극성을 띠게 된다. 이렇게 보면 다섯째 징
후는 둘째 징후의 보다 적극적인 현상이고, 여섯째 징후는 세째 징후의 보
다 적극적인 상태라고 볼 수가 있다.

일곱째 및 여덟째 징후는 완전히 준비가 갖추어진 여자의 상태를 나타내
는 것으로서, 정도의 차이는 있을지언정, 이와 같은 상태에 이르게 하지 않
고는 진정한 방중술을 수행할 수 없는 것이다.

이 장의 끝에 화지(和志)의 본뜻을 설명한 구절이 나오고, 병적인 상태나
기타 다른 원인으로 화지(和志)에 이르지 못하는 경우의 대책을 언급하고 있
으나 그 구체적인 치료법은 나와 있지 않다. 이것은 다음 장 '구법(九法)'과
밀접한 관계가 있기 때문일 것이다.

다음에 이어지는 제12장 '구법(九法)'은 방중술의 비법인 체위(體位)와 액
션의 실제를 다루고 있다. 여기에 나오는 체위에 대해서 《완전한 결혼》의 저
자 반 데 베르데는 이렇게 말하고 있다.

'여기에 수록되어 있는 체위들은 과학적인 입장에서 볼 때, 성적 쾌감을 높
여 주고 건강의 손상을 막아 주는 동시에 수태(受胎) 능력을 높여 주는 등
의 실제적인 의의를 가지고 있다.'

第12章
九   法

《현녀경》에서 황제가 이렇게 말했다.

"이른바 구법이라는 것을 나는 아직 들은 바가 없다. 원컨대 그것을 자세히 설명해 주기 바란다. 이 기록은 석실(石室)에 비장해 두고서 공개하지 않겠노라."

이에 대하여 현녀가 아뢰었다.

"구법을 차례대로 아뢰겠사옵니다.

구법(九法)의 제1법은 용번(龍飜)이라고 하는데, 여자를 똑바로 뉘고 남자가 그 위에 가랑이를 벌리고 엎드리옵니다. 여자는 그 옥문(玉門)을 들어올려 남자의 옥경(玉莖)을 받아들이옵니다. 남자는 유서(兪鼠;클리토리스)를 찌르고 또 그 위를 공격하옵니다. 천천히 움직여 여덟 번을 얕게 두 번은 깊게 출입시키옵니다. 부드러워진 뒤에 집어넣고 단단해진 뒤에 끄집어내면 옥경의 기세가 왕성해지옵니다. 그러면 여자는 마치 창녀(娼女)처럼 즐거워하며 스스로 절정에 도달하여 온갖 병이 사라지옵니다.

〔해설〕구법(九法)의 명칭은 모두 동물의 몸짓으로 표현되어 있는데, 제1법 '용번'은 용이 몸을 뒤채는 형상을 표현하고 있는 것이다.

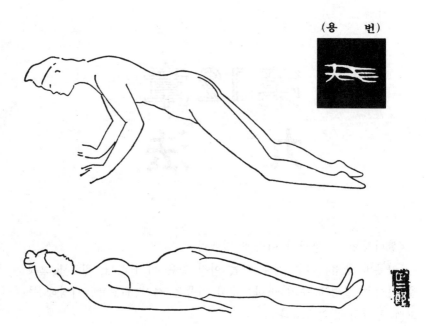

(용   번)

이 체위는 가장 일반적으로 이용되는 여성 앙와 대향 체위 (女性仰臥對向
體位)인데, 능동적이고 보호적이며 삽입하는 성기를 가진 남자와 수동적이
며 피보호적이고 받아들이는 성기를 가진 여자의 관계로 보아 가장 자연스
러운 체위라고 하겠다.

이 체위는 아래에 누운 여자의 다리를 어떻게 처리하느냐에 따라 그 변화
가 많다. 가령 가랑이를 벌리고 반듯이 눕는다든가 또는 무릎을 세워 벌리
고 눕는다든가에 따라 그 느낌은 현저하게 달라지는 것이다. 구법의 제1법
'용번'은 여자가 가랑이를 벌리지 않은 자세를 다루고 있다. 이 차이는 중요
하다. 왜냐하면 이렇게 함으로써 여자의 질구(膣口)가 좁혀지고 성기의 결
합은 얕아지므로 클리토리스[陰核]에 대한 보다 강한 자극을 줄 수 있기 때
문이다. 또 여자의 넓적다리 안쪽도 페니스에 의한 자극을 받을 수가 있다.
그리고 이 자세의 이점(利點)은 깊숙한 삽입만이 능사(能事)가 아니라는 것
을 실천적으로 가르쳐 주는 점이라고 하겠다. 이 체위의 변형은 이 책 제13
장에 나오니 차례대로 연구해 주기 바란다.

　구법의 제2법은 호보(虎步)라고 하는데, 여자로 하여금 엉덩이를 들고 엎드리게 한 다음 남자가 그 뒤에서 여자의 복부를 끌어안고 무릎을 꿇사옵니다. 그런 자세에서 옥경을 되도록 깊이 밀어넣사옵니다. 그러고서 남녀가 서로 호흡을 맞추어 함께 운동을 하는데, 약 40번쯤 운동을 하다 보면 호흡을 맞출 수 있사옵니다. 여자의 음액(陰液)이 밖으로 흘러넘치면 운동을 끝내고 휴식을 취하옵니다. 이렇게 하면 온갖 병이 생기지 않고 남자는 더욱더 기운이 왕성해지옵니다.

（호　보）

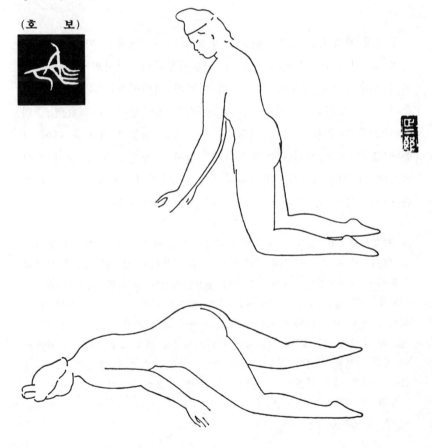

〔해설〕제 2 법 '호보'는 호랑이가 걸어가는 형상을 표현하고 있다. 이 체위는 여성 부복 후향 체위(女性俯伏後向體位)라고 하는데, 성기의 결합을 깊게 할 수 있는 체위이다. 그러나 이 체위에서는 여자의 풍만한 엉덩이 때문에 성기 결합이 깊숙이 되는 것처럼 느껴질 뿐 실제로는 별로 깊숙이 결합되는 것은 아니라고도 한다. 그러나 자궁 후굴(後屈)의 여자의 경우 이 체위에서 수태율(受胎率)이 높아지는 것은 사실이라고 한다.

이 체위에서 남녀가 서로 호흡을 맞추어 운동하기는 그리 쉽지 않다. 그래서 여자는 엉덩이 근육을 수축시키는 동작에만 열중하고 운동의 주도권은 남자가 갖는 편이 좋다.

구법의 제 3 법은 원박(猿搏)이라고 하는데, 여자를 뉘어 놓고 남자가 그 가랑이를 들어올려 어깨에 걸치옵니다. 여자의 무릎이 남자의 가슴께까지 오도록 들어올려 어깨에 걸치면 여자의 엉덩이와 등이 위로 들리는데, 이런 자세로 옥경을 집어넣어 유서(兪鼠;클리토리스)를 찌르옵니다. 그러면 여자는 몸을 뒤틀며 요동을 하여 그 음액(陰液)이 비처럼 쏟아지옵니다. 남자가 옥경을 더욱 깊이 집어넣으면 그 기운이 매우 왕성해지옵니다. 여자가 절정에 도달하면 곧 그만두옵니다. 그러면 온갖 병이 저절로 낫사옵니다.

〔해설〕제 3 법 '원박'은 원숭이가 나뭇가지를 어깨에 메는 형상을 표현하고 있다. 이 체위는 여자의 허리가 한껏 추켜 올려져 성기의 결합은 완전히 위쪽에서 이루어진다. 그리고 남자의 움직임에 따라 여자의 허리가 출렁거리므로 마치 깊은 곳으로 떨어지는 듯한 심리적 쾌감도 얻을 수 있게 된다. 여자는 양쪽 발로 남자의 목을 죄듯이 어깨에 얹고 가랑이는 너무 벌어지지 않도록 자신의 손으로 자신의 넓적다리를 껴안는 것도 좋다. 이른바 개미허리 같은 날씬한 여자와 더불어 행하기에 적당한 체위로서, 풍만한 엉덩이나 굵은 다리를 가진 여자라면 들어올리기 거북할 것은 물론이라 하겠다.

또한 이 체위를 이용하면 남자의 옥경(玉莖)을 강대하게 하는 효과를 얻을 수 있다고 한다.

(원 박)

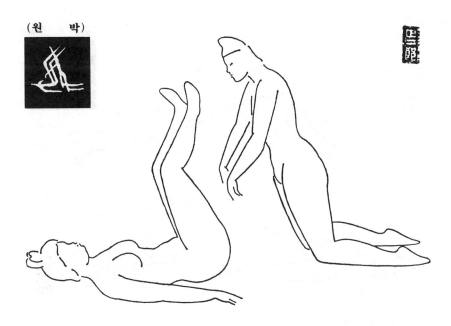

구법의 제 4 법은 선부(蟬附)라고 하는데, 여자로 하여금 똑바로 엎드리게 하고 남자가 그 위에 엎드려 옥경을 깊이 집어넣고서 엉덩이를 약간 들어 여자의 적주(赤珠 ; 소음순)를 54번쯤 공격하옵니다. 그러면 여자는 몸을 뒤틀면서 음액(陰液)을 쏟고 옥문(玉門)이 벌름벌름하게 되옵니다. 여자가 절정에 도달하면 곧 그만두옵니다. 그러면 칠상(七傷)이 저절로 제거되옵니다.

〔해설〕제 4 법 '선부'는 매미가 나무에 달라붙어 있는 형상을 표현한 것이다. 이 체위는 제 2 법 '호보'와 마찬가지로 여성 부복 후향 체위인데, 그림으로 나타낸 바와 같은 약간의 차이가 있다.

본문 중의 칠상(七傷)이라는 것은 심한 정신 자극에 기인한 질병을 두루 일컫는 것으로서, 일곱 가지 원인으로 부터 생긴다고 한다. 그 일곱 가지 원인은 기쁨·성냄·우울·번민·슬픔·두려움·놀람 등의 감정이다.

(선   부)

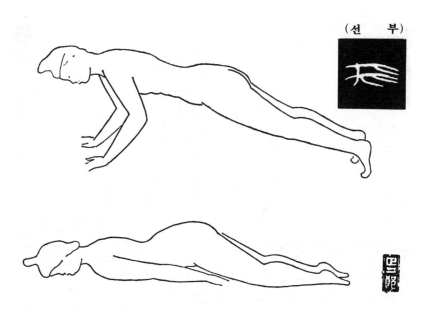

제 2 법 '호보'나 제 4 법 '선부'와 같은 후향 체위에서는 페니스의 발기 각
도와 바기나의 방향이 일치하므로, 해부학적으로는 대향 체위보다 오히려
자연스런 체위라고 할 수 있다. 그러나 일반적으로는 대향 체위보다 훨씬 덜
이용되고 있는데, 그것은 심리적인 데 그 원인이 있다고 하겠다. 즉 인간의
성행위는 말할 것도 없이 서로 사랑을 교환하는 행위인 것이다. 그런데 서
로 마주보는 대향 체위가 아니고서는 키스나 포옹은 물론 심리적인 교환이
불가능한 것이다. 남자의 경우는 비록 등 뒤에서나마 여자를 껴안을 수도 있
고 볼 수도 있지만 여자의 경우는 전혀 그렇지가 못하여 심리적인 만족감을
느끼기가 힘든다. 더구나 이 체위는 동물이 교미하는 체위와 비슷하기 때문
에 여자로서는 이 체위를 특히 싫어하는 것도 무리는 아니다.   하지만 남녀
상호간의 특수한 육체 조건 아래서는 이 체위가 이상적인 경우도 있는 것이
다. 제 2 법 '호보'와 마찬가지로 자궁 후굴(後屈)의 여자에게서는 이 체위
를 취함으로써 수태율(受胎率)이 높아지는 것이다. 또 페니스가 단소(短小)
한 남자에게도 알맞은 체위이다.

구법의 제 5 법은 구등(龜騰)이라고 하는데, 여자로 하여금 반듯
이 누워 두 무릎을 구부리게 하고서, 남자가 그 구부린 여자의 무
릎이 유방에 닿도록 이것을 밀어 엉덩이가 들리게 한 다음 옥경을
깊이 집어넣고서 알맞게 운동을 하옵니다. 그리하여 여자가 쾌감을
느껴 몸을 들어올리고 음액(陰液)을 흘리면 더욱 깊이 집어넣사옵
니다. 여자가 절정에 도달하면 곧 그만두옵니다. 이것을 틀림없이
실행하면 정력이 백배로 증진될 것이옵니다.

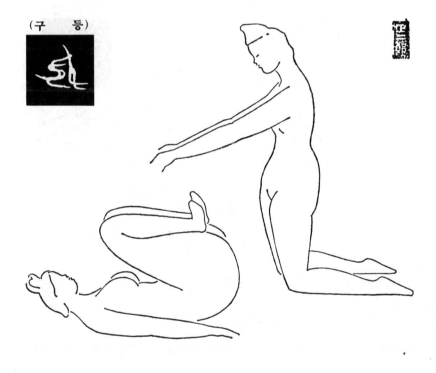

(구 등)

〔해설〕제 5 법 '구등'은 거북이가 공중으로 날아오르는 형상을 표현한 것
이다. 이 체위 역시 성기 결합이 깊어지며 남자의 고환(睾丸)에 의한 자극
도 쾌감을 높여 준다.

　구법의 제6법은 봉상(鳳翔)이라고 하는데, 여자로 하여금 반듯
이 누워 자신의 두 다리를 들어올리게 하고서 남자가 그 가랑이 사
이에 들어가 무릎을 끓고 양손으로 바닥을 짚어 몸을 지탱한 다음
옥경을 깊숙이 집어넣사옵니다. 그러고서 여자로 하여금 24번쯤 운
동을 하게 하옵니다. 그러면 여자의 옥문이 벌름거리면서 음액을 토
하게 되옵니다. 여자가 절정에 도달하면 곧 그만두옵니다. 그러면
온갖 병이 사라지옵니다.

(봉　상)

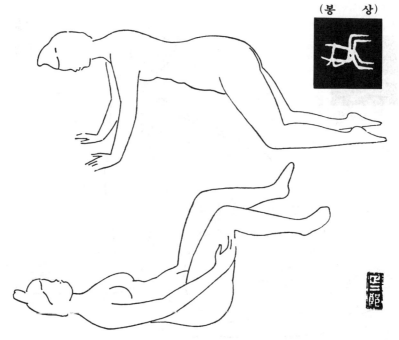

　〔해설〕 제6법 '봉상'은 봉새(봉황새의 수컷, 암컷은 황새라 한다)가 하늘
을 나는 형상을 표현한 것이다.
　이 체위에서는 여자가 가랑이를 벌리고 있으므로 결합은 자연히 깊어진
다. 그렇지만 질구(膣口)도 따라서 벌어지므로 아이를 여럿 낳은 여자에게
는 적합한 체위라고 할 수 없다.

구법의 제7법은 토윤호(兎吮毫)라고 하는데, 남자가 다리를 쭉 뻗고 반듯이 누워 있는 위에 여자가 남자의 다리 쪽을 향하여 무릎을 꿇고 걸터앉사옵니다. 그리고 여자가 바닥을 양손으로 짚고 윗몸을 앞으로 수그리면 옥경을 얕게 집어넣어 그 유서(兪鼠 ; 클리토리스)를 찌르옵니다. 그러면 여자는 쾌감을 느껴 그 음액이 마치 샘물처럼 흘러넘치옵니다. 여자가 절정에 도달하면 곧 그만두옵니다. 그러면 온갖 병에 걸리는 일이 없게 되옵니다.

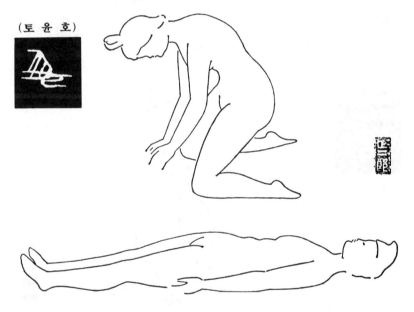

(토윤호)

〔해설〕제7법 '토윤호'는 토끼가 아주 가느다란 터럭을 빨고 있는 형상을 표현하고 있다.

이 체위는 이른바 남성 앙와 후향 체위(男性仰臥後向體位)로서 혼히 말하는 여성 상위의 체위이다. 일반적으로 여성 상위라고 하면 제1법의 체위에서 남녀의 위치를 바꾼 것을 우선 생각하게 되는데, 이 '토윤호'의 체위는 남녀가 서로 대면하지 않는 후향위(後向位)인 것이다. 이것은 페니스의 발기 각도와 바기나의 방향을 고려하여 결합을 얕게 유지하려는 데 있는 것이다.

따라서 질구(膣口)가 넓은 여자에게는 적당하지 않고 페니스가 작거나 발기력이 부족한 남자에게도 권할 만한 것이 못된다.

구법의 제8법은 어접린(魚接鱗)이라고 하는데, 남자가 반듯이 누운 위에 여자가 남자의 얼굴 쪽을 향하여 걸터앉사옵니다. 그리고 윗몸을 곧추 세운 채 남자의 옥경을 서서히 아주 조금만 받아들이옵니다. 깊숙이 받아들여서는 안 되옵니다. 그러고서 마치 갓난아기가 젖을 빨듯이 여자 혼자서 움직이도록 하되 되도록 오래 하도록 하옵니다. 여자가 절정에 도달하면 곧 그만두도록 하옵니다. 그러면 온갖 결취(結聚)가 치유되옵니다.

(어 접 린)

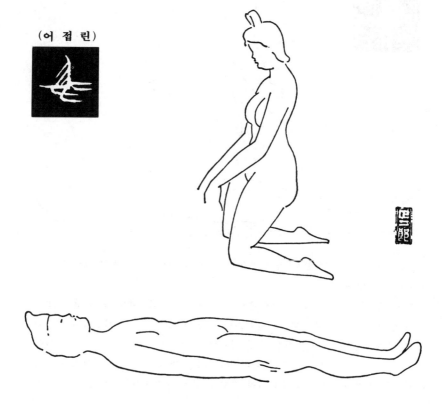

〔해설〕제 8 법 '어접린'은 물고기 두마리가 서로 들어붙어 비늘을 비벼대는 형상을 표현한 것이다.

이 체위는 제 7 법 '토윤호'와 같은 여성 상위(남성 앙와위)이지만 남녀가 서로 대면하는 체위인 점이 다르다. 물론 위에 있는 여자가 몸을 숙이느냐 곧추 세우느냐는 차이도 있다.

본문 중에 나오는 결취(結聚)는 기질적인 종류(腫瘤)뿐만이 아니라 기능적인 응체(凝滯)까지를 포함하는 질환을 두루 일컫는 말이다.

이 체위는 특히 조루(早漏)가 심한 남자에게 적당한 체위로서, 여자가 주도권을 가지고 행하는 것이다.

구법의 제 9 법은 학교경(鶴交頸)이라고 하는데, 남자가 무릎을 앞으로 내밀고 앉은 위에 여자가 걸터앉아 남자의 목을 껴안사옵니다. 그러고서 옥경을 집어넣어 적주(赤珠；소음순)를 찌르되 되도록 유서(兪鼠；클리토리스)를 건드리도록 하옵니다. 운동은 여자가 주로

(학 교 경)

하되 남자는 여자의 엉덩이를 안고서 여자의 움직임을 도와 주도록 하옵니다. 그러면 여자가 스스로 쾌감을 느껴 음액이 넘쳐 흐르는데, 여자가 절정에 도달하면 곧 그만두옵니다. 이렇게 하면 칠상(七傷)이 저절로 낫게 되옵니다."

〔해설〕 제9법 '학교경'은 두 마리의 학이 그 기다란 목을 서로 얽고 있는 형상을 표현한 것이다.

이 체위는 남녀가 모두 앉은 자세를 취하고 교접하는 데 특징이 있는데, 운동의 주역은 여자가 맡고 남자는 보조적인 역할을 한다.

이상으로 아홉 가지 표준적인 체위에 대한 현녀(玄女)의 설명은 모두 끝난다. 그런데 이 구법 중에는 측위(側位)가 없다. 그것은 제16장 '팔익(八益)'에서 나온다.

한편, 다음에 이어지는 제13장은 《동현자》에서 인용한 30가지 체위를 다루고 있다. 여러가지 체위가 모두 이 삼십법을 벗어나지 않는다고 장정은 말하고 있는데, 상당 부분은 제12장의 '구법'과 중복되어 있다. 그러나 저작(著作)의 입장이나 동기는 다르다.

그리고 특히 제13장의 서른 가지 체위는 후세에 널리 퍼진 이른바 '사십팔수(四十八手)'의 원전(原典)이 되고 있다.

第13章
三十法

《동현자(洞玄子)》에 이렇게 씌어 있다.

"교접의 자세를 연구해 보매 아래와 같은 서른 가지 법[三十法]을 벗어나지 않는다. 그 안에 구부리고 뻗음[屈伸], 엎드리고 누움[俯仰], 들어가고 나옴[出入], 깊고 얕음[深淺]이 있으나 대동소이(大同小異)하다. 그러나 이를 하나도 빠뜨리지 않아야 한다. 내가 여기에 그 자세에 따라 적절한 이름을 붙이노니, 그 뜻을 살펴 주기 바라노라.

제1법 서주무(叙綢繆)   제3법 폭새어(曝鰓魚)

제2법 신견권(申繾綣)   제4법 기린각(騏驎角)

이상의 네 가지 자세는 외유희(外遊戲)로서 모두 같은 것이다.

〔해설〕외유희(外遊戲)란 직접적인 성교에 들어가기 전에 행하는 애무 즉 패팅을 말하는 것이다. 원문에 전혀 설명이 붙어 있지는 않으나, 글자의 뜻으로 볼 때 제1법과 제2법은 여러 가지 끈이 얽혀 있는 형상을 표현하고 있는 것으로 풀이된다. 즉 남녀가 서로 뒤엉켜 애무를 하고 있는 모양을 나타낸 것이라고 하겠다. 그리고 제3법은 물고기가 아가미를 노출시킨다는 뜻으로서 여자 쪽의 상태를 그리고 있는 것이며, 제4법은 기린이 뿔을 세운다는 뜻으로서 남자 쪽의 상태를 형용하고 있는 것으로 보인다.

제 5 법 잠전면(蠶纏綿)

여자는 바로 누워 양손으로 위에 있는 남자의 목을 끌어안고 두 발을 들어올려 남자의 등 위에서 깍지를 낀다. 남자는 양손으로 여자의 목을 끌어안고 여자의 가랑이 사이에 꿇어 엎드려 옥경을 집어넣는다.

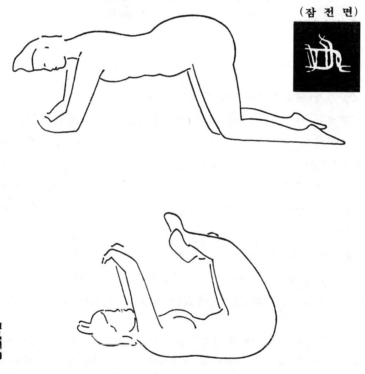

(잠 전 면)

〔해설〕 제 5 법 '잠전면'은 누에가 고치를 짓는 형상을 표현하고 있다. 서로 마주보고 하는 정상 체위로서 '구법'의 제 1 법(용번)의 변형이다. 이 체위는 여자가 극히 수동적인 입장을 취하는 '구법'의 제 1 법에서 발전하여 여자가 상당한 적극성을 띨 수 있는 체위이다.

제 6 법 용완전(龍宛転)

　여자는 바로 누워 두 다리를 구부려 들고 있으면 남자는 여자의 가랑이 사이에 무릎을 꿇고서 왼손으로 여자의 두 다리를 밀며 오른손으로 옥경을 쥐고 옥문에 집어넣는다.

(용 완 전)

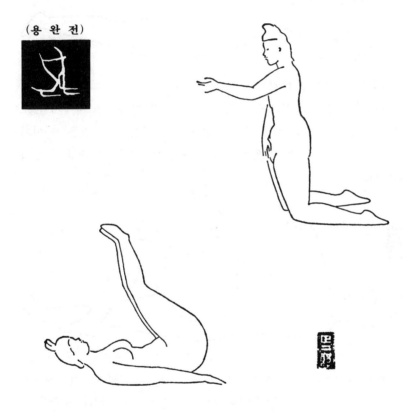

　〔해설〕 제 6 법 '용완전'은 용이 구름을 타고 몸을 뒤채면서 하늘을 나는 형상을 표현하고 있다. 이 체위는 '구법'의 제 5 법(구등)의 변형이다. 따라서 이 체위의 효과도 역시 그와 마찬가지인데, 다만 남녀간의 신체 조건에 따라 이와 같이 변형시킬 수도 있는 것이다.

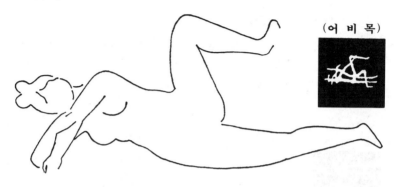

제 7 법 어비목(魚比目)

남녀가 마주보고 옆으로 누워 여자가 다리 하나를 남자에게 얹고
서 서로 입을 맞추고 혀를 빤다. 남자는 두 다리를 쭉 뻗은 채 여자
가 얹고 있는 다리를 한 손으로 들어올리듯이 받치고 옥경을 집어
넣는다.

〔해설〕 제 7 법 '어비목'은 물고기 누마리가 서로 눈을 맞대고 있는 형상을
표현하고 있다. 이른바 측와위(側臥位)로서 남녀가 같은 자세를 취하게 된
다.

측와위(側臥位)는 애무를 하는 단계에서는 가장 흔히 볼 수 있는 자세이
므로, 애무에서 직접적인 성교로 이어질 수 있는 아주 자연스런 체위라고도
할 수 있다. 그러나 측와위가 그다지 이용되지 않고 있는 것은 오직 운동을
하기가 자유롭지 못하기 때문이다. 따라서 이 체위는 너무 뚱뚱한 남자, 특

히 혈압이 높은 사람 및 중병을 앓고 회복 단계에 있는 사람들에게 권할 수 있는 체위라 하겠다. 그러나 격렬한 성교 운동 중간에 잠시 휴식을 취하는 자세로 이 체위를 이용하는 것도 좋겠다.

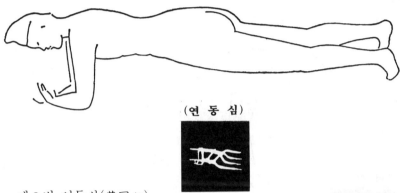

(연동심)

제 8 법 연동심(燕同心)

여자를 똑바로 뉘어 다리를 쭉 뻗게 하고 남자가 그 위에 엎드려 양손으로 여자의 목을 끌어안는다. 여자는 양손으로 남자의 허리를 끌어안고 옥경을 집어넣는다.

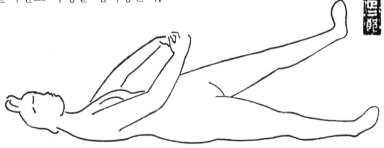

〔**해설**〕제 8 법 '연동심'은 제비 두마리가 마음을 합하여 둥지 속에 틀어박혀 있는 형상을 표현하고 있다. '구법'의 제 1 법(용번)과는 여자가 가랑이를 벌리는 점이 다르고 남자가 여자의 목을 끌어안는 점이 다르다. 따라서 이 체위에서는 성기의 결합이 깊어지게 된다. 그러므로 '용번'과 '연동심'을 수시로 바꾸어 가며 교접을 치르는 것이 가장 일반적이라고도 할 수 있다.

제 9 법 비취교(翡翠交)

여자로 하여금 반듯이 누워 다리를 구부려 들게 하고 그 가랑이 사이에 남자가 웅크리고 앉아 양손으로 여자의 허리를 끌어안고 옥경을 집어넣는다.

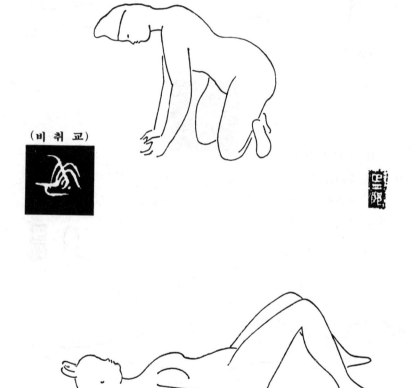

(비취교)

〔해설〕 제 9 법 '비취교'는 물총새가 교미하는 형상을 표현하고 있다. 이 체위는 '구법'의 제 1 법(용번)과 제 6 법(봉상)의 절충형이라고 할 수 있다.

(원 앙 합)

제10법 원앙합(鴛鴦合)

여자로 하여금 옆으로 누워 한쪽 다리를 구부려 올리게 한 다음 남자는 여자의 뒤로부터 다가가 바닥에 놓인 여자의 다리 위에 올라 타되 한쪽 무릎을 세워 여자가 들어올린 발을 받치고서 옥경을 집어 넣는다.

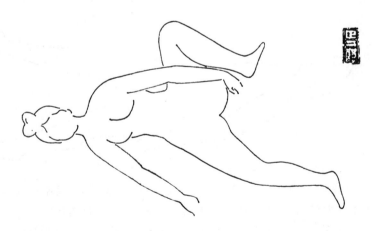

〔해설〕제10법 '원앙합'은 원앙새가 교미하는 형상을 표현하고 있다. 이른 바 여성 측와 후향 체위(女性側臥後向體位)에 해당한다.

제11법 공번접(空翻蝶)

남자가 두 다리를 뻗고 똑바로 누운 위에 여자가 정면을 보고 쭈그려 앉아 남자의 옥경을 손으로 옥문에 집어넣는다.

(공 번 접)

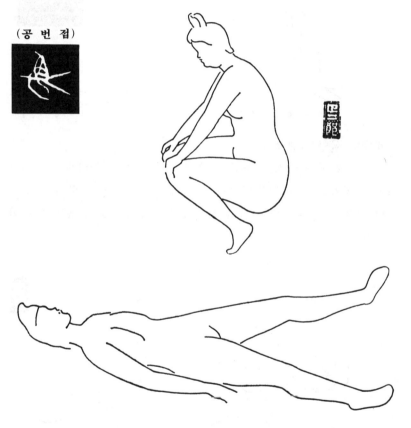

〔해설〕제11법 '공번접'은 나비가 공중에서 너울거리며 춤추는 형상을 표현하고 있다. 이른바 남성 앙와 대향 체위(男性仰臥對向體位)에 해당한다. 이 체위는 성기 결합이 깊고 자극이 상당히 강하게 되는 체위인데, 여자가 부끄러움을 잘 타는 경우에는 이용하려 하지 않는다. 이름 그대로 위에서 나비처럼 춤추는 여자가 주도권을 갖고 운동하는 체위인 것이다.

제12법 배비부(背飛鳬)

남자가 두 다리를 뻗고 똑바로 누운 위에 여자가 다리 쪽을 보고 쭈그려 앉아 머리를 아래로 하여 윗몸을 낮추고서 남자의 옥경을 쥐고 옥문에 집어넣는다.

(배 비 부)

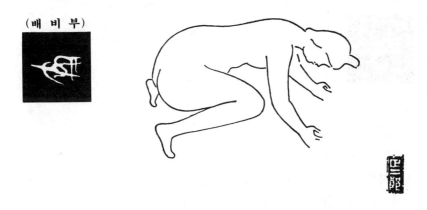

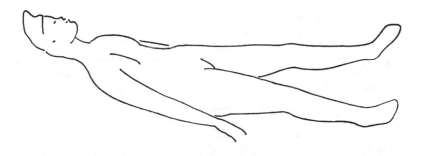

〔해설〕 제12법 ‘배비부’는 오리가 공중제비를 하여 거꾸로 날아가는 형상을 표현하고 있다. 앞에 나온 ‘공번접’과는 여자의 자세가 반대로 되어 있다.

(언 개 송)

제13법 언개송(偃蓋松)

여자로 하여금 다리를 꼬고 바로 눕게 한 다음 남자가 그 위에 엎드려 여자의 허리를 끌어안고 여자는 남자의 목을 끌어안는다.　이런 자세로 옥경을 옥문에 집어넣는다.

〔해설〕제13법 '언개송'은 동굴 위에 커다란 소나무가 가지를 늘어뜨리고 있는 형상을 표현하고 있다. 인도의 요가에서 취하는 이른바 '물고기 포즈'에 해당한다.

제14법 임단죽(臨壇竹)

남녀가 마주서서 입을 맞추고 포옹을 한 다음 옥경을 깊숙이 집어 넣는다.

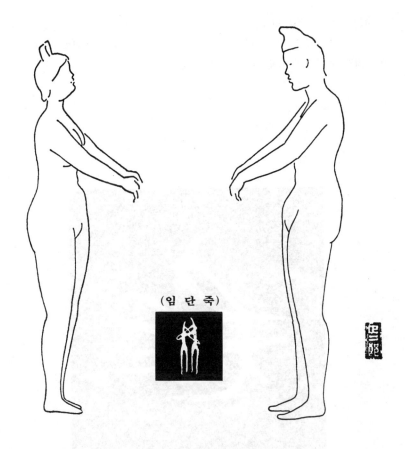

(임 단 죽)

〔해설〕제14법 '임단죽'은 돌로 쌓은 축대 곁에 대나무가 서 있는 형상을 표현하고 있다. 이른바 입위(立位)인데, 이 체위는 입위의 기본 자세에 지나지 않는다. 이 체위로부터의 변형은 이 장(章)의 끝에 있는 '사십팔수'를 참조하기 바란다. 그러나 이 체위는 실제적인 이용 가치는 없다.

제15법 난쌍무(鸞雙舞)

한 여자는 다리를 들고 눕고 그 위에 다른 한 여자를 엎드리게 한
다음 남자는 무릎을 꿇고 위아래의 둘을 번갈아 공격한다.

〔해설〕두 마리의 난새(상서로운 상상의 새)가 춤을 추는 형상을 표현하
고 있는데, 이것은 수·당(隨唐)시대의 문란한 사회 풍조를 반영한 것으로서,
여기에서는 해설과 그림 설명을 생략한다.

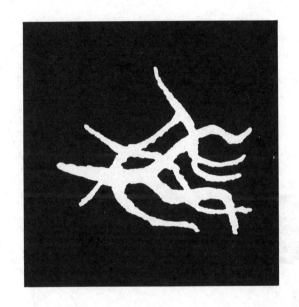

제16법 봉장추(鳳將雛)

여자가 비대(肥大)한 경우는 어린 사내아이 하나를 안고서 교접하면 아주 좋다.

〔해설〕 봉황새가 새끼를 안고 있는 형상을 표현하고 있는데, 이 역시 해설과 그림 설명을 생략한다.

제17법 해구상(海鷗翔)

침대에 누운 여자의 두 다리를 남자가 양쪽으로 들고 서서 옥경
을 집어넣는다.

〔해설〕 제17법 '해구상'은 갈매기가 날고 있는
형상을 표현하고 있다. 침대를 사용하는 경우에
응용할 수 있는 체위의 일반형이다. 여자는 굴곡
위(屈曲位)의 고요형(高腰型)이 된다.

(해 구 상)

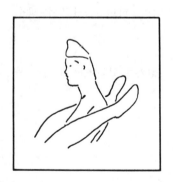

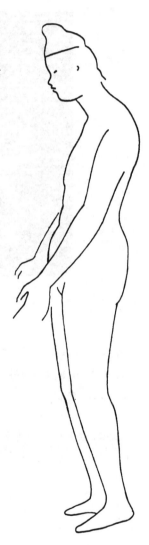

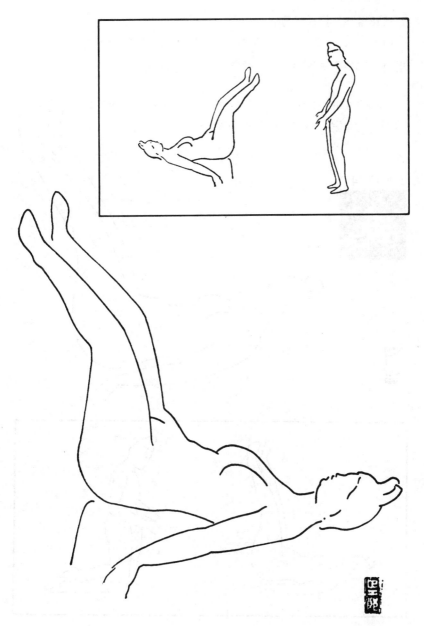

제18법 야마약(野馬躍)

여자로 하여금 똑바로 누워 다리를 들게 하여 남자의 양 어깨에
받쳐 놓고 옥경을 옥문에 깊숙이 집어넣는다.

〔해설〕제18법 '야마약'은 야생마가 날뛰는 형상을 표현하고
있다. '구법'의 제5법(구등)의 변형이다.

(야 마 약)

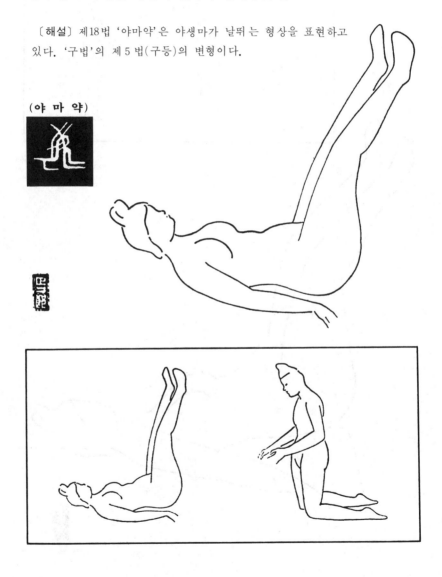

(기 빙 족)

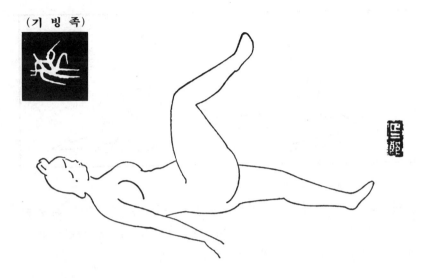

제19법 기빙족(驥騁足)

여자가 바로 누운 옆에 웅크린 남자가 왼손으로 여자의 목을 받치고 오른손으로 여자의 오른발을 쳐든 다음 옥경을 옥문에 집어넣는다.

〔해설〕제19법 '기빙족'은 천리를 달릴 수 있는 준마(駿馬)의 달려가는 다리의 형상을 표현하고 있다.

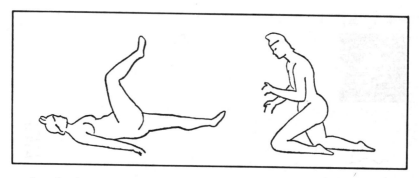

제20법 마요제(馬搖蹄)

여자를 바로 눕게 하고 남자가 여자의 한쪽 다리를 들어 어깨에
멘다. 그러면 여자의 다른 한쪽 다리도 조금 들리는데, 그런 자세
에서 옥경을 깊숙이 집어넣으면 크게 흥취가 있다.

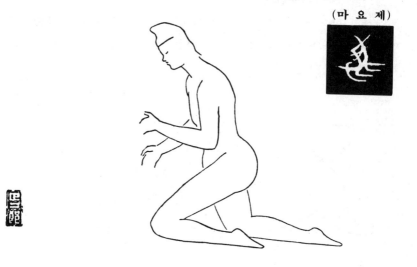

(마요제)

〔해설〕 제20법 '마요제'는 말이 발굽을 흔드는 형상을 표현하고 있다. 제
19법(기빙족)에서보다 여자의 가랑이를 더 넓게 벌린다.

제21법 백호등(白虎騰)

　여자로 하여금 무릎을 꿇고 엎드리게 한 다음 남자가 그 뒤에서
무릎을 꿇고 양손으로 여자의 허리를 끌어안고 옥경을 집어넣는다.

(백호등)

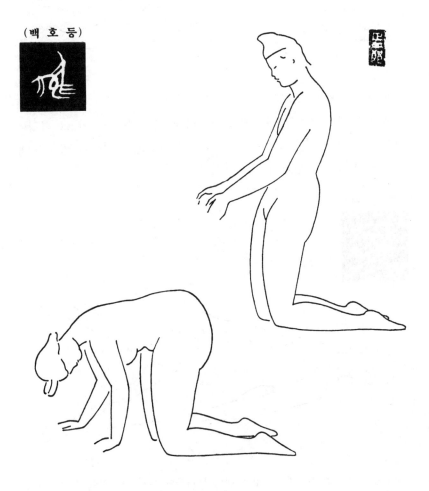

〔해설〕제21법 '백호등'은 하얀 호랑이가 날뛰는 형상을 표현하고 있다.
구법'의 제 2 법(호보)의 변형에 해당한다.

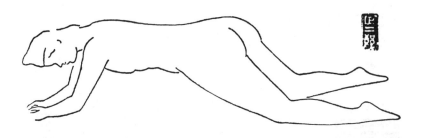

제22법 현선부(玄蟬附)

여자로 하여금 발을 쭉 뻗고 엎드리게 한 다음 남자가 그 가랑이 사이로 들어가 양손으로 여자의 목을 끌어안고 포개듯이 엎드려 옥경을 옥문에 집어넣는다.

(현 선 부)

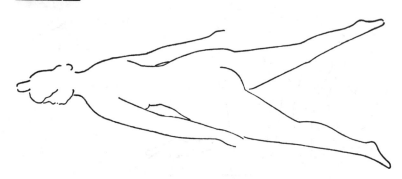

〔**해설**〕제22법 '현선부'는 검은 매미가 나무에 달라붙어 있는 형상을 표현하고 있다. '구법'의 제 4 법(선부)의 변형으로서, 여기서는 여자가 가랑이를 벌리고 있다.

제23법 산양대수(山羊對樹)

여자의 등 뒤에서 남자가 여자를 끌어안고 앉은 다음 여자가 머리를 아래로 윗몸을 낮추면 남자는 여자의 허리를 끌어안고서 옥경을 집어넣는다.

(산양대수)

〔해설〕제23법 '산양대수'는 염소가 나무를 향하여 뿔을 세우고 있는 형상을 표현하고 있다. 이른바 후좌위(後坐位)에 해당한다. 좌위(坐位)에서는 남성 앙와 체위와 마찬가지로 여자가 운동의 주도권을 갖게 된다.

제24법 곤계임장(鵾鶏臨場)

남자가 침대에 쪼그리고 앉아서 어린 계집아이로 하여금 옥경을
쥐고 여자의 옥문에 집어넣게 한다. 다른 한 여자는 뒤에서 여자의
치맛자락을 끌어 그 발을 상쾌하게 하면 아주 흥취가 있다.

〔해설〕싸움닭이 싸움에 임하는 형상을 표현하고 있는데, 제15법 및 제16
법과 마찬가지로 이 법도 도덕적으로 용납할 수 없는 것이므로 해설과 그림
설명을 생략한다.

제25법 단혈봉유(丹穴鳳遊)

여자로 하여금 침대에 반듯이 드러누워 양손으로 자신의 오금을 잡아당겨 발을 들고 있도록 하고서 남자는 침대를 짚고 서서(또는 끓어앉아) 옥경을 옥문에 집어넣으면 아주 좋다.

(단혈봉유)

〔해설〕제25법 '단혈봉유'는 단사(丹砂 ; 흔히 朱砂라고 하는 것)가 나오는 동굴 속에서 봉황새가 춤추며 노는 형상을 표현하고 있다. 대향위(對向位)의 고요형(高腰型)이다.

제26법 현명붕저(玄溟鵬翥)

여자를 바로 뉘고 남자가 여자의 두 다리를 자신의 팔 위에 받쳐 들고 손으로는 여자의 허리를 끌어안고서 옥경을 집어넣는다.

(현명붕저)

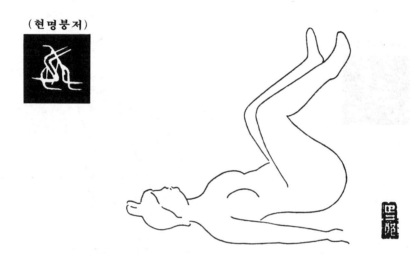

〔해설〕제26법 '현명붕저'는 검은 바다 위를 봉새가 날개를 펼치고 날아가는 형상을 표현하고 있다. 제25법(단혈봉유)과 비슷하나 남자가 몸을 어떻게 지탱하느냐에 차이가 있다.

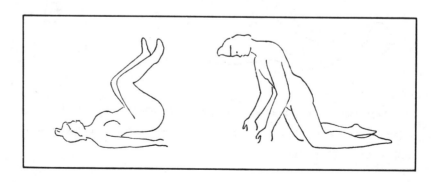

제27법 음원포수(吟猿抱樹)

남자가 다리를 뻗고 앉은 위에 여자가 걸터앉아 양손으로 남자를 껴안는다. 남자는 한손은 바닥을 짚고서 한손으로 여자의 엉덩이를 받친 자세로 옥경을 집어넣는다.

(음원포수)

〔해설〕 제27법 '음원포수'는 원숭이가 울부짖으며 나무에 매달려 있는 형상을 표현하고 있다. 좌위(坐位)의 대향위이다. 좌위(坐位)로서는 가장 일반적인 체위라고 하겠다.

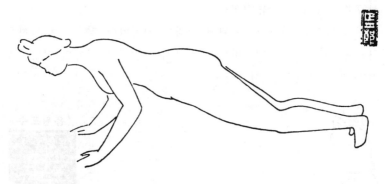

제28법　묘서동혈(猫鼠同穴)

　남자가 반듯이 누운 위에 여자가 엎드려 옥경을 깊숙이 집어넣는
다. 그리고 다시 남자가 여자의 등 뒤로 돌아가 공격한다.

(묘서동혈)

　〔해설〕제28법 '묘서동혈'은 고양이와 쥐가 같은 굴 안에 있는 형상을 표
현하고 있다. 이 체위는 여성 상위의 대향 체위에서 배후위(背後位)로 옮겨
가는 형(型)이다.

제29법 삼춘로(三春驢)

여자가 마치 노새처럼 네 손발을 짚고 엎드려 있는 뒤에서 남자가 양손으로 여자의 허리를 끌어안고 옥경을 집어넣는데, 아주 대단이 좋다.

(삼 춘 로)

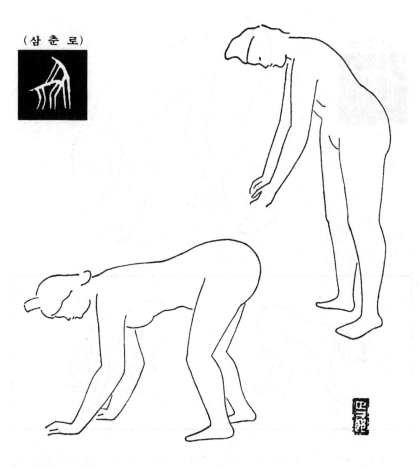

〔해설〕 제29법 '삼춘로'는 봄철의 노새의 형상을 표현하고 있다. 네 발 달린 젖먹이동물의 전형적인 교미 형태를 본뜬 체위이다.

제30법 삼추구(三秋狗)

　남녀가 모두 네 손발을 짚고 엎드려 개처럼 서로의 엉덩이를 맞춘다. 그러고서 남자가 윗몸을 낮추고서 한손으로 옥경을 쥐고 옥문에 밀어넣는다."

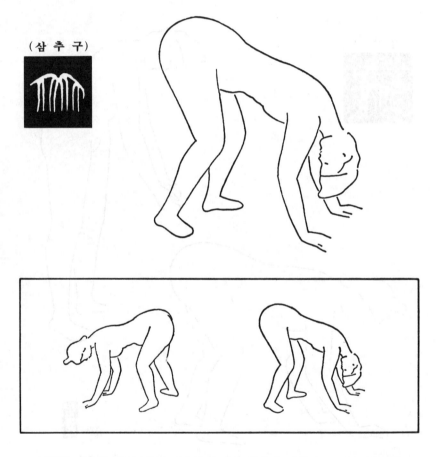

（삼 추 구）

　〔해설〕제30법 '삼추구'는 가을철의 개의 형상을 표현하고 있다. 원문에는 그냥 '추구'라고만 되어 있으나 말의 흐름으로 보아 '삼추구'로 하는 것이 옳다. 제29법 및 제30법은 앞에서도 말한 바와 같이, 모든 가능성이 있는 체

위를 다 수록하고자 한《동현자》의 편찬 목표에 맞추어 열거한 것으로 보아야 한다. 일종의 변태로도 볼 수 있겠으나, 꼭 그렇게만 단정하는 것도 자연스러운 일은 아닐 듯하다. 두 사람의 마음이 맞아 갖가지 체위로 즐겨 보려 하는 것을 결코 탓할 수만은 없는 일이니까 말이다.

　이상으로《동현자》의 30법은 모두 끝난다. 여기서는 주로 체위의 원칙만을 설명하고 있으나, 그 액션의 완급(緩急), 방향, 리듬 등에 관해서 설명하고 있는 것이 다음에 이어지는 제14장 '구상(九狀)' 및 제15장 '육세(六勢)'이다. 그러나 액션(動作)의 문제에 들어가기 전에 교접의 체위에 관하여 다시 한번 종합 검토를 하고 넘어가기로 하자.

　1926년에 중국 북경 대학의 사회학 교수 장경생(張競生)이 편찬한《성체험(性體驗) 보고서》에는 향매(香妹)라는 기생의 다음과 같은 체험담이 수록되어 있다.

　"체위에 관해서는 어머니로부터 배운 것만 해도 수십 가지이지만, 내가 실제로 경험한 바에 의하면 다음 두 가지를 추천하고 싶다.

　첫째 여자가 반듯이 누운 위에 남자가 엎드리면 여자는 두 발을 들어올려 남자의 허리를 감는다. 두 팔로는 서로 몸통을 껴안고 몸을 밀착시켜 운동한다. 이것은 흔히 사용하는 보통의 방법이지만 결코 무시해서는 안 된다.

　둘째 여자가 침대 가장자리에 엉덩이를 붙이ㄱ. 누우면 그 앞에 선 남자가 여자의 두 다리를 잡고 손잡이가 달린 수레를 밀고 나가는 듯한 자세로 운동을 한다. 이 방법은 남녀가 서로 불편하지 않고 자유롭게 행동할 수 있어 좋은 체위라고 하겠다. 특히 무더운 여름철에 적당한 방법이다.

　그 밖의 체위에 관해서는 차례차례 실천해 보았으나 모두 실용적이 못되어 나는 사용하지 않고 있다."

　이 체험담에서 향매가 추천하고 있는 체위는 이른바 정상위(正常位)로서 글자 그대로 가장 정상적인 체위이다. 그리고 이 체위야말로 우리들 인간이 가장 널리 이용하고 있는 보편적인 체위이기도 한 것이다. 그만큼 자연스러운 체위이기도 하다.

　그러나 성교를 할 때 여러 가지 체위를 구사할 수 있는 것은 오직 우리들 인간에게만 주어진 특권이라고도 할 수 있다. 그것은 인간이야말로 모든 동물 중에서 가장 영리한 존재이기 때문에 가지게 된 특권인 것이다. 따라서 그러한 인간이 고안해 낸 여러 가지 성교 체위는 각각 나름대로의 가치를 가지고 있다는 것을 알아야 한다.

여러 가지 체위를 이야기하면 흔히들 그것이 따로따로 독립되어 있는 것으로 생각하는 경향이 있지만 그것은 잘못된 생각이다. 성교의 체위는 성교의 전체 진행 과정 중에 수시로 바뀔 수 있는 것이다. 그리고 바뀌지 않으면 안 된다. 그것은 동물이 페니스를 삽입할 때의 동작과 삽입한 후의 동작이 달라지는 것을 보아도 알 수 있는 것처럼 자연스러운 행위이다. 즉 여자가 발로 남자의 허리를 감는 체위라고 해서 그런 자세로 처음부터 끝까지 해야 하는 것은 아니다. 중간에 다리를 풀 수도 있고 쭉 뻗을 수도 오므릴 수도 있는 것이다. 그러니까 여러 가지 변형된 체위는 우리들의 성행위에 신선감을 가져다 주는 활력소이기도 하고, 또 남녀 상호간의 육체적 조건에 따라서는 가장 편안한 체위가 따로 있을 수도 있는 것이다.

한국인에게는 역시 쌀밥과 김치가 가장 입맛에 맞는 음식이지만, 때로는 밀가루 빵도 먹고 때로는 샐러드도 먹을 수 있는 것이 아니겠는가? 이런 각도에서 독자 여러분은 성교의 체위를 생각해야 할 것이다. 특히 이 책에서는 성교의 체위가 단순히 즐기는 데 목적을 둔 것이라기보다는 강장법(强壯法)의 관점에서 논하고 있다는 것도 유의해야 할 점이다. 그러나 역시 사람에 따라 각각 그 신체적 조건은 다르다. 따라서 자기에게 알맞은 체위는 각자가 스스로 연구 개발해야 할 것이다. 그 연구 개발의 한 모델로서, 다소 난잡한 춘화(春畵) 형식의 그림이기는 하지만, 일본의 그림을 곁들여 두는 바이다.

다시 한 번 말하거니와, 여러 가지 체위는 1회의 성교에서 그 전부 또는 일부를 응용하는 것이지, 한 가지 체위로 1회의 성교를 처음부터 끝까지 치러 내는 것은 아니다.

第14章
九　狀

《동현자》에 이렇게 씌어 있다.

"무릇 옥경(玉莖)이 혹은 왼쪽을 공격하고 혹은 오른쪽을 공격하여 마치 용맹한 장수가 적진을 쳐부수는 것과 같음이 아홉 가지 형상[九狀]의 제1이다. 혹은 위에서 아래로 내달려 마치 야생마가 개울을 뛰어넘는 것과 같음이 구상의 제2이다. 혹은 나오고 혹은 들어가 마치 파도 속에 노니는 갈매기떼와 같음이 구상의 제3이다. 혹은 깊이 찌르고 얕게 희롱하여 마치 참새가 먹이를 쪼는 것과 같음이 구상의 제4이다. 혹은 깊이 닿게 하고 얕게 찔러 마치 큰 바윗덩이가 바다에 떨어지는 것과 같음이 구상의 제5이다. 혹은 천천히 꺼내고 서서히 밀어넣어 마치 구렁이 담 넘어가는 것과 같음이 구상의 제6이다. 혹은 빠르게 뽑고 급히 찔러 마치 놀란 쥐새끼가 구멍으로 달아나는 것과 같음이 구상의 제7이다. 혹은 대가리를 들고 발에 기대어 마치 매가 교활한 토끼를 희롱하는 것과 같음이 구상의 제8이다. 혹은 위로 쳐들고 아래로 수그려 마치 큰 돛이 태풍을 만난 것과 같음이 구상의 제9이다."

〔해설〕본장(本章)에서는 성교의 전체 과정중에 취하는 여러 가지 동작을

다루고 있는데, 이것은 제13장의 여러 가지 체위에서 모두 응용할 수 있는
것들이다. 따라서 제13장의 서른 가지 체위 가운데에서 전희(前戱)에 해당
하는 네 가지와 부도덕한 세 가지를 뺀 스물 세 가지 체위에 이것을 응용하
면 207가지(23×9)의 기법(技法)을 행할 수가 있게 된다. 참으로《동현자》
의 말마따나 하나도 빠뜨린 점이 없다 하겠다.

　다음에 이어지는 제15장 역시 동작의 분류(分類)인데, 1회의 성교 중에
'구상(九狀)'을 이용한다고 해도 각각 빠르고 느림의 정도가 있을 것이며, 때
에 따라 그 리듬을 바꾸지 않으면 안될 것이다. 그런 각도에서 성교시의 동
작을 관찰한 것이 제15장 '육세(六勢)'이다.

第15章
六 勢

《동현자》에 이렇게 씌어 있다.

"무릇 교접에 있어서 옥경(玉莖)을 내리누르고 왕래하여 그 옥리(玉理 ; 후음순교련)를 비집는 것이 마치 진주조개를 벌려서 진주를 따는 것과 같음은 육세의 제 1 이다. 혹은 옥리로부터 쳐올려 위로 금구(金溝 ; 전음순교련)를 찌르는 것이 마치 돌을 쪼개어 옥(玉)을 찾는 것과 같음은 육세의 제 2 이다. 혹은 옥경으로써 유서(兪鼠 ; 클리토리스)를 찌르는 것이 마치 약절구에 절굿공이로 절구질을 하는 것과 같음은 육세의 제 3 이다. 혹은 옥경을 출입시켜 좌우의 벽옹(辟雍 ; 질요도융기)을 공격하는 것이 마치 대장장이의 해머질과 같음은 육세의 제 4 이다. 혹은 옥경을 왕래시켜 신전(神田 ; 음핵포피), 유곡(幽谷 ; 질전정와)의 사이를 문지르는 것이 마치 농부가 벼를 베는 것과 같음은 육세의 제 5 이다. 혹은 신전과 유곡을 서로 문지르는 것이 마치 금간 바위가 맞서서 삐걱거리는 것과 같음은 육세의 제 6 이다."

〔해설〕육세(六勢)의 제 1 은 꼭 다문 조개의 아가리에 꼬챙이를 비틀어 넣고 억지로 벌려 진주로 따는 동작으로서, 이것은 바기나의 괄약근(括約筋)

이 긴장되어 있는 경우에 취하는 동작을 말하는 것이다.

육세의 제2는 끌로 돌을 쪼개어 보석을 꺼내는 동작으로서, 이것은 바기나 깊은 곳에 일정한 리듬의 자극을 주는 것이다.

육세의 제3은 절구질을 하는 동작으로서, 이것은 완만하면서도 강한 충격을 준다.

육세의 제4는 대장장이의 해머질에 비유하고 있는데, 대장간에서 쇠를 다룰 때는 둘 혹은 네 사람이 번갈아 가며 해머를 내리친다. 그러면 판 위에 있는 쇳덩이는 좌우로 이동되면서도 차차 단련되어 간다. 이와 같은 간격과 강도(強度)의 자극을 준다는 뜻이다.

육세의 제5는 농부가 벼를 베는 동작으로서 완만하면서도 밀착하여 행하는 동작을 뜻한다.

육세의 제6은 남녀가 같은 자세의 체위를 취하고 서로의 성기를 밀착시켜 문지르는 동작을 말한다.

육세(六勢)는 성교의 개시에서부터 오르가즘에 이르기까지의 생리적인 경과를 약간 과장하여 표현하고 있는 것으로 파악된다. 앞에서 나온 '십동(十動)'이나 '사지(四至)' 등도 역시 같은 분류지만, 그것들이 객관적인 데 비하여 육세는 주관적인 분류에 속한다고 하겠다.

다음에 이어지는 제16장 '팔익(八益)'과 제17장 '칠손(七損)'은 여러 가지 성생활에 있어서의 병적 증상을 치료하기 위한 방법을 설명하고 있는 것으로서, 이 방법을 씀으로써 비로소 성적인 음양의 조화를 이룰 수 있다고 한다.

第16章
八　益

《옥방비결》에서 소녀(素女)가 이렇게 말했다.

"음양의 교접에서 일곱 가지의 해가 되는 칠손(七損)과 여덟 가지의 이익이 되는 팔익(八益)이 있다.

이익이 되는 것의 하나는 고정(固精)이라 하는데, 여자로 하여금 옆으로 누워 가랑이를 벌리게 하고 남자 역시 옆으로 누워 18번쯤 운동을 하고 그만두면 남자의 정(精)이 단단해진다. 또 여자의 누혈(漏血 ; 월경 과다)을 다스리는 데는 이것을 하루에 두 번씩 15일간 행하면 낫는다.

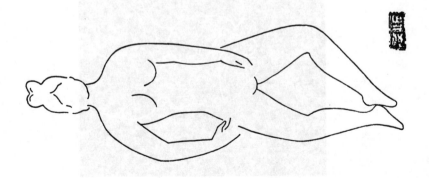

〔해설〕 남녀가 똑같은 자세로 마주보고 행하는 측와위(側臥位)인데, 이 체위로 18번 운동을 하되 하루에 두 번씩 15일간 행하면 남자에게는 강장(强壯)의 효과가 있고 여자에게는 경혈(經血)을 정상화시키는 효과가 있다고 한다.

(고   정)

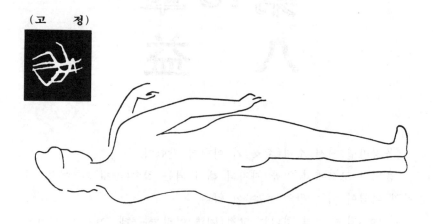

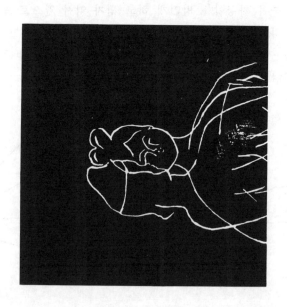

　이익이 되는 것의 둘은 안기(安氣)라고 하는데, 여자로 하여금 베
개를 높이 베고 두 발을 벌린 채 곧게 뻗고 바로 눕게 한 다음 남자
가 그 가랑이 사이에 무릎을 꿇고서 27번쯤 운동을 하고　그만두면
남자의 기(氣)가 부드러워진다. 또 여자의 한(寒)을 다스리는 데는
이것을 하루에 세 번씩 20일간 행하면 낫는다.

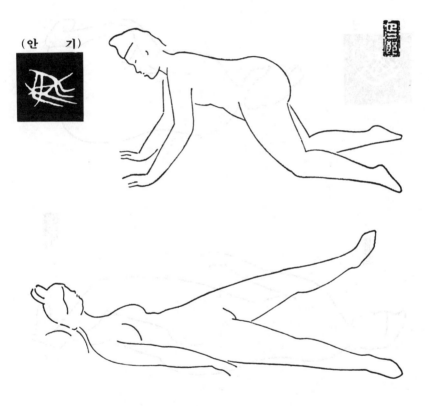

　〔해설〕 고요형(高腰型)의 여성 앙와 대향 체위로서, 하루에 세 차례씩 한
차례에 27번의 운동을 하되 이것을 20일간 행하면 남자의 기가 부드러워진
다고 한다. 남자의 기가 부드러워지면 그 기(氣)에 의하여 데워지므로 여자
의 한(寒)이 치유되는 것으로 생각된다.

이익이 되는 것의 셋은 이장(利臟)이라 하는데, 여자로 하여금 두 다리를 구부리고 옆으로 눕게 하여 남자가 뒤에서 36번쯤 운동하고 그만두면 남자의 기가 부드러워진다. 또 여자의 한(寒)을 다스리는 데는 이것을 하루에 네 번씩 20일간 행하면 낫는다.

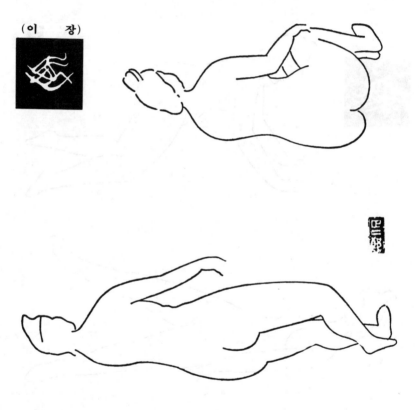

(이 장)

〔해설〕 남녀가 똑같이 모로 눕되 마주보지 않는 이른바 후측위(後側位)인 데, 효과는 앞의 '안기'와 같지만 남자의 노력을 그다지 필요로 하지 않는 체위를 취하고 있으므로 오장(肝, 心, 脾, 肺, 腎)을 이롭게 한다고 생각한 듯 하다.

이익이 되는 것의 넷은 강골(強骨)이라고 하는데, 여자로 하여금 왼쪽 무릎을 구부리고 한쪽 다리는 쭉 뻗은 채 옆으로 눕게 하고 남자가 그 위에 엎드려 45번쯤 운동을 하고 그만두면 남자는 관절이 부드러워진다. 여자의 폐혈(閉血 ; 월경의 비정상적인 정지)을 다스리는 데는 이것을 하루에 다섯 번씩 10일간 행하면 낫는다.

(강   골)

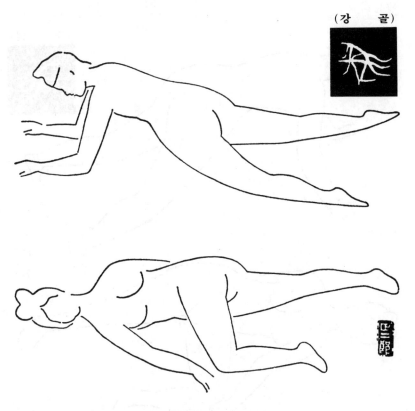

〔해설〕 남녀 모두의 근골(筋骨)의 회전과 굴신(屈伸)이 두드러진 체위로서, 이런 자세로 운동을 하면 관절이 단련될 것은 틀림없는 듯하다. 동양 의학에서 골(骨)은 신(腎)과 밀접한 관계가 있고 신(腎)은 곧 생식(生殖) 기관에 해당한다.

 이익이 되는 것의 다섯은 조맥(調脈)이라고 하는데, 여자로 하여
금 오른쪽 무릎을 구부리고 한쪽 다리는 쭉 뻗은 채 옆으로 눕게 하
고 남자가 바닥을 손으로 짚고서 그 위에 올라 54번쯤 운동을 하고
그만두면 남자의 팔맥(八脈)이 통리(通利)된다. 또 여자의 벽(辟;
질경련)을 다스리는 데는 이것을 하루에 여섯 번씩 20일간 행하면
낫는다.

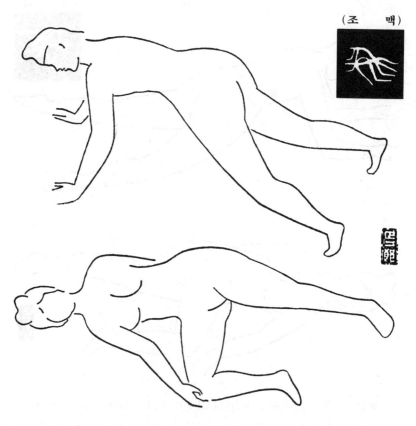

(조   맥)

〔해설〕 앞의 '강골'과 같은 체위인데, 여자가 구부리는 발이 반대로 되어
있고 남자가 몸을 지탱하는 방법에 차이가 있다.

이익이 되는 것의 여섯은 축혈(蓄血)이라고 하는데, 남자가 반듯이 누운 위에 여자가 무릎을 꿇고 앉아 옥경을 깊숙이 받아들여 63번쯤 운동하고 그만두면 남자의 힘이 강해진다. 또 여자의 월경 불순을 다스리는 데는 이것을 하루에 일곱 번씩 10일간 행하면 낫는다.

(축　　혈)

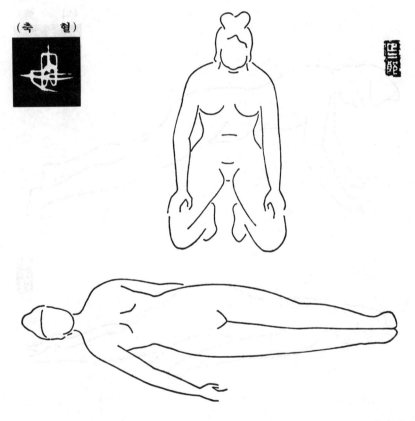

〔해설〕원문에는 축혈의 표기가 畜血로 되어 있으나 내용으로 볼 때 蓄血을 잘못 쓴 것이 명백하다. 여성 상위의 측위(側位)에 해당한다.

혈액(血液)이 몸 안에 저장되어 있으면 필요에 따라 언제라도 능동적인 에너지인 기(氣)로 변환시킬 수 있으므로 힘이 강해질 것은 물론이리라.

이익이 되는 것의 일곱은 익액(益液)이라고 하는데, 여자로 하여금 (배에 베개를 받치고) 엉덩이를 약간 들고 엎드리게 한 다음 남자가 위로부터 72번쯤 운동을 하고 그만두면 남자의 뼈가 단단해진다.

(익 액)

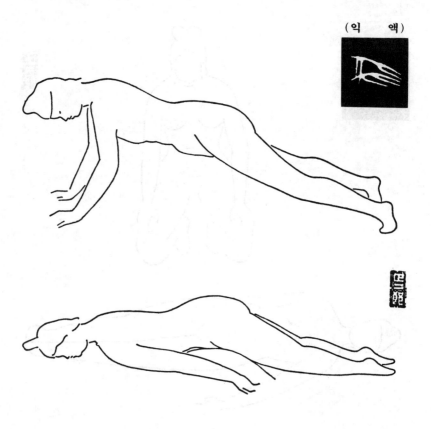

〔해설〕 배후위(背後位)의 고요형(高腰型) 체위인데, 치료하는 병명(病名)과 횟수가 빠져 있다. 그러나 그 횟수는 전후 관계로 볼 때 하루에 여덟 번씩 행하도록 되어 있을 것이다.

　이익이 되는 것의 여덟은 도체(道体)라고 하는데, 여자로 하여금 무릎을 꿇고 뒤로 높게 하여 발이 엉덩이 밑에 깔리게 한 다음, 남자가 이것을 두 넓적다리 사이에 끼는 듯한 자세로 81번쯤 운동을 하고 그만두면 남자의 뼈가 충실해진다. 또 여자의 악취를 다스리는 데는 이것을 하루에 아홉 번씩 9일간 행하면 낫는다."

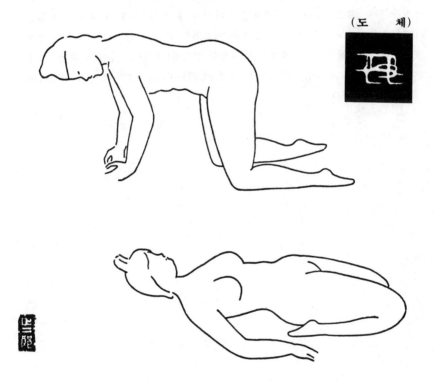

（도　　체）

　〔해설〕 제16장 '팔익'의 모든 체위는 단순한 성교의 체위로 해석해서는 안된다. 그것은 성교라기보다는 성교의 방법을 본뜬 일종의 건강 체조라고 해석하는 것이 옳다.

　그런데 '팔익'의 마지막인 도체(道體)에서는 한 차례에 81번 운동을 하므로 웬만큼 강하지 않고서는 사정(射精)을 해 버릴 염려가 있다. 그러나 방중술에서는 자주 사정을 해서는 안 되는 것이고, 더구나 일종의 건강 체조인 여기에서 사정을 한다고 해서는 말이 안 된다. 교접을 하되 사정을 하지 않는 방법은 이 책 제18장 '환정(還精)'에 취급되어 있다.

다음에 이어지는 제17장 역시 본장(本章)과 마찬가지로 성생활에 있어서의 병적인 상태를 치료하기 위한 방법을 다루고 있다. 그러나 제17장이 본장과 다른 점은, 남자의 신체적인 컨디션이 좋지 않을 때 무리하게 교접을 행함으로써 일어나는 갖가지 증상을 치료하는 데 목적을 두고 있다는 점이다. 본장의 '팔익'을 남자에게 있어서의 강장적(強壯的) 기법 내지는 적극적 요법이라고 한다면 다음 장의 '칠손(七損)'은 소극적인 질병의 치료법이라고 할 수 있다.

第17章
七　損

《옥방비결》에서 소녀는 또 이렇게 말했다.

　"해가 되는 것의 하나는 절기(絕気)라고 하는데, 절기란 기분이 일어나지도 않는데 무리하게 교접을 함으로써 땀이 흐르고 기(気)가 줄어들어 가슴이 뛰고 현기증이 나는 것을 말한다. 이를 다스리려면 여자로 하여금 반듯이 눕게 한 다음 여자의 두 다리를 남자가 어깨에 받쳐 들고서 옥경을 깊숙이 집어 넣고 여자로 하여금 운동하게 한다. 여자의 음액(陰液)이 흘러나오거든 그만두도록 하여 결코 남자가 절정에 도달하지 않도록 해야 한다. 이것을 하루에 아홉 번씩 10일간 행하면 낫는다.

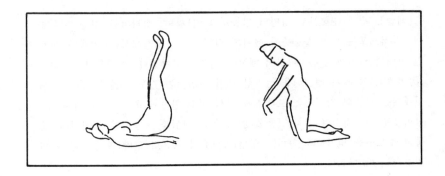

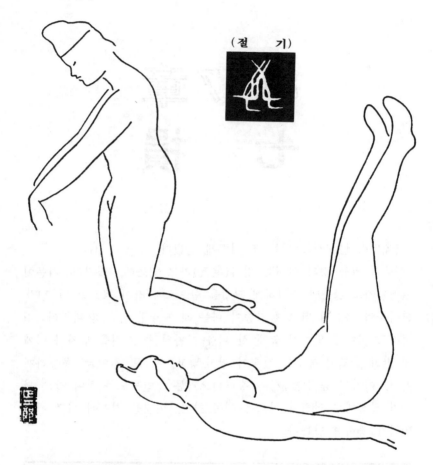

(절 기)

〔해설〕 '절기(絶氣)'란 생명의 원동력인 기(氣)가 감퇴되는 것을 말하는
데, 성적으로는 발기 불능증에 빠지게 되며, 일상 생활에서는 언제나 피로
한 상태에 빠지게 된다. 따라서 매사에 의욕이 없어진다. 이것은 방사 과도
(房事過度)의 결과 정(精)을 낭비한 데서 기인하는 경우가 많다. 물론 현대
인에게는 극도의 정신적 스트레스에 의해 이런 현상이 초래되기도 한다.
　이것을 치료하려면 밀착도(密着度)가 높은 체위를 사용하되 여자에게 운
동의 주도권을 맡기도록 한다. '구법(九法)'의 제 3 법(원박)과 동일한 체위
지만 액션이 다르다.

해가 되는 것의 둘은 일정(溢精)이라고 하는데, 일정이란 음양의
기운은 아직 어우러지지 않았는데 마음만 먼저 흥분하여 도중에서
사정(射精)해 버리는 것을 말한다. 또 술에 취한 상태에서 교접함
으로써 숨이 차고 호흡이 혼란해져 폐(肺)를 상(傷)하면 심한 기침
이 치밀어오르고 성질을 잘 내게 되며 다리에 힘이 빠진다. 이것을
다스리려면 여자로 하여금 반듯이 누워 두 무릎을 구부려서 남자를
그 무릎으로 끼게 한 다음 남자의 옥경을 얕게 1 촌 반(약 5 cm)쯤
집어넣고 여자로 하여금 운동하게 한다. 여자의 음액이 흘러나오거
든 그만두도록 하여 결코 남자가 절정에 도달하지 않도록 해야 한
다. 이것을 하루에 아홉 번씩 10일간 행하면 낫는다.

(일   정)

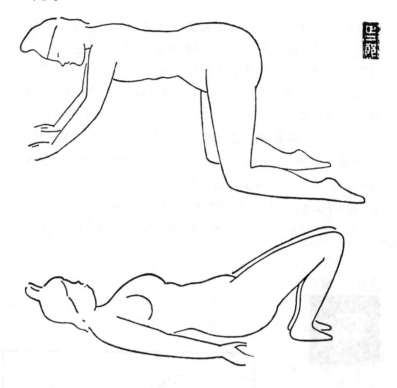

〔해설〕 '일정(溢精)'은 앞에 나온 '절기(絕氣)'가 정신적인 증상인 데 반
해 이것은 육체적인 증상이다. 그 원인은 조루(早漏) 상태에서 지나친 성생
활을 하거나 또는 술에 취한 상태에서 교접하는 것이라고 말하고 있다.
　이것을 치료하려면 굴곡형(屈曲型)의 대향위(對向位)를 취하되 성기 결합
은 되도록 얕게 유지하도록 해야 한다.

　해가 되는 것의 셋은 탈맥(奪脈)이라고 하는데, 탈맥이란 옥경이
단단해지지 않았는데 억지로 사용하여 중도에서 무리하게 사정하여
기(氣)가 고갈되는 것을 말한다. 또 배가 부른 상태에서 교접을 함
으로써 비(脾)를 상하면 소화도 되지 않고 옥경이 일어나지 않으며
정(精)이 없어져 버리게 된다. 이것을 다스리려면 여자로 하여금 반

듯이 누워 두 다리로 남자의 엉덩이를 껴안게 하고 남자는 바닥을 손으로 짚어 몸을 지탱하고 옥경을 집어넣어 여자로 하여금 운동하게 한다. 여자의 음액이 흘러나오거든 그만두도록 하여 결코 남자가 절정에 도달하지 않도록 해야 한다. 이것을 하루에 아홉 번씩 10일 간 행하면 낫는다.

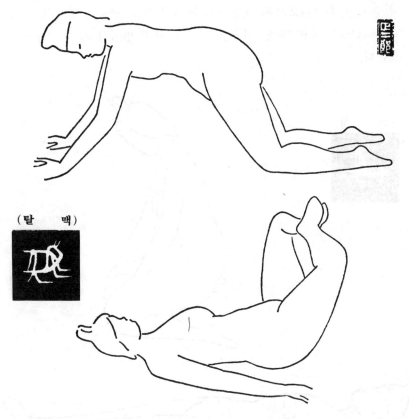

(탈   맥)

　〔해설〕 여기서도 앞의 두 가지 경우와 거의 같은 치료 효과를 얻고 있으나, 여기서는 체위에 특별한 배려를 하고 있다. 대향위의 굴곡형인 것은 마찬가지이지만 남자가 그 몸을 지탱하는 방식, 여자가 다리를 꼬는 방식에 의해 소화 기관의 강화를 꾀하고 있는 것이다.

해가 되는 것의 넷은 기설(氣泄)이라고 하는데, 기설이란 땀흘려 일한 다음에 그 땀이 채 마르기도 전에 교접을 함으로써 복부가 뜨거워지고 입술이 마르는 것을 말한다. 이를 다스리려면 남자가 다리를 쭉 뻗고 똑바로 누운 위에 여자가 남자의 다리 쪽을 보고 걸터앉아 얕게 옥경을 집어넣고 여자로 하여금 운동을 하게 한다. 여자의 음액이 흘러나오거든 그만두도록 하여 결코 남자가 절정에 도달하지 않도록 해야 한다. 이것을 하루에 아홉 번씩 10일간 행하면 낫는다.

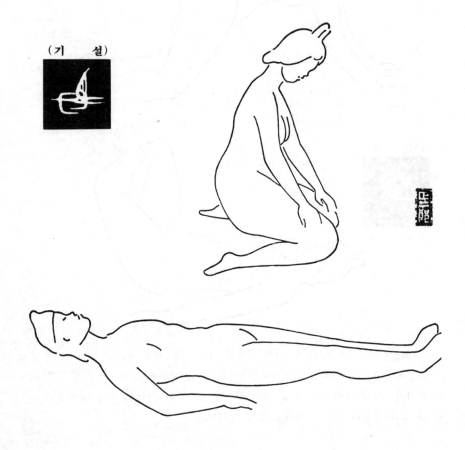

(기 설)

〔해설〕육체 노동으로 피로한데다 땀이 채 마르기도 전에 (즉 피로가 미처 회복되기도 전에) 교접을 하면 소화 기관의 장애를 일으키게 된다. 그리하여 복부가 뜨거워지고 입안이 마르게 되는 것이다. 그러나 복부가 뜨거워진다는 것은 뱃속이 불편한 것을 뜻하는 말이지, 반드시 열이 있음을 뜻하는 것은 아니다.

이것을 치료하려면 여성 상위의 후향위를 취하여 남자의 운동량을 적게 해야 한다.

해가 되는 것의 다섯은 기관(機関)이라고 하는데, 기관이란 즉 궐상(厥傷)이며, 궐상이 있는 사람이 대소변의 배설에 애를 써서 체력을 소모한 후 몸이 채 회복되기 전에 무리하게 교접을 하면 간(肝)을 상한다. 또 성급하게 교접하여 빠르고 느림을 조절하지 못하고 근골(筋骨)을 피로하게 하면 눈이 침침해지고 종기가 생기며 자칫하다가는 반신불수를 초래하고 옥경이 일어나지 않게까지 된다. 이것을 다스리려면 남자가 똑바로 누운 위에 여자가 정면으로 걸터앉아 앞으로 구부리고서 옥경을 서서히 집어넣는다. 여자로 하여금 운동하게 해서는 안 되며 여자의 음액이 흘러나오거든 그만두도록 하여 결코 남자가 절정에 도달하지 않도록 해야 한다. 이것을 하루에 아홉 번씩 10일간 행하면 낫는다.

〔해설〕'궐상(厥傷)'이란 넓은 의미로 말하면 만성적인 내장(內臟) 질환이라고 할 수 있다. 이런 질환을 가지고 있는 사람은 대소변을 보는 데만도 상당한 에너지를 소모하게 된다. 그런 상태에서 무리한 교접을 행하면 간(肝 ; 현대의 해부학적인 의미의 肝臟이 아니라 음양 오행설에 의한 것)이 손상된다.

이것을 치료하려면 앞의 '기설(氣泄)'과는 반대로 여성 상위의 대향위를 취하는데, 다른 여섯 가지 경우와는 달리 여자로 하여금 운동을 하도록 해서는 안 된다고 한다. 이것은 얼핏 생각하면 이상하게 보이지만, 너무 쇠약

해 있는 사람에게 강한 자극을 줄 염려가 있기 때문에 여자가 함부로 운동
을 해서는 안 된다는 것이다.

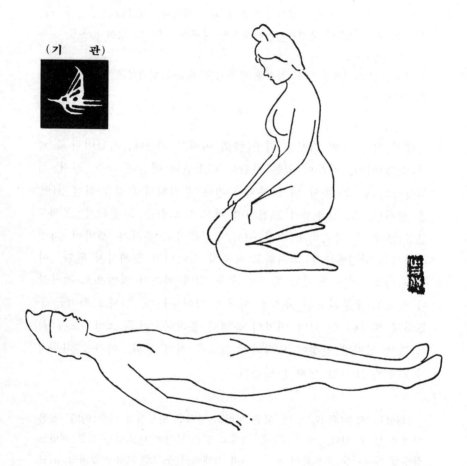

（기　관）

　※ 기관(機關)과 궐상(厥傷)은 동의어라고 풀이하였으나, 이를 합하여 기
관궐상(機關厥傷)이라고 해야 한다는 설(說)도 있다. 그러나 일반 독자로서
는 어떻게 됐든 알기 힘든 용어들이므로 이 책에서는 통설(通說)에 따라 번
역했음을 밝혀 둔다. 자세히 알아보고 싶은 분은 원문(原文)을 보아 주기 바
란다.

해가 되는 것의 여섯은 백폐(百閉)라고 하는데, 백폐란 여자가 색
을 너무 바쳐 절도 없이 교접을 함으로써 남자의 정기(精気)가 고갈
되어 억지로 사정(射精)하려고 해도 정액이 나오지 않는 것을 말한
다. 이렇게 되면 온갖 병이 생기는데, 이를 다스리려면 남자가 반
듯이 누운 위에 여자가 걸터앉아 앞으로 몸을 숙여 손으로 바닥을
짚고서 옥경을 받아들여 여자 스스로 운동을 하여 음액이 흘러나오
거든 그만두도록 한다. 남자가 절정에 도달하지 않도록 해야 한다.
이것을 하루에 아홉 번씩 10일간 행하면 낫는다.

(백   폐)

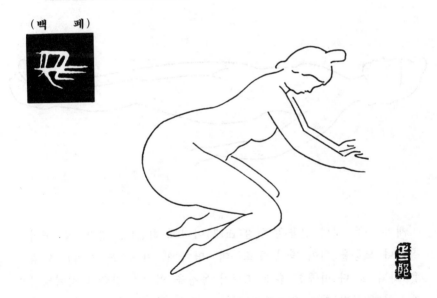

〔해설〕 '백폐(百閉)'란 방사 과도로 인한 전신적인 장애를 말하는데, 색을
너무 바치는 여자에 맞서 절도 없이 정(精)을 소모한 결과로 배뇨곤란(排尿
困難), 현기증, 안정(眼精)의 피로 등의 증상이 나타난다.
　이것을 치료하려면 여성 상위의 대향위로서 여자에게 운동의 주도권을 맡
겨 여자의 기(氣)를 취하도록 해야 한다.

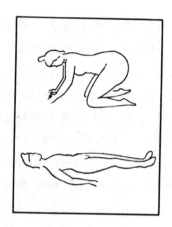

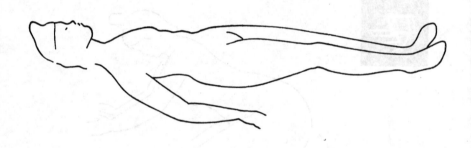

해가 되는 것의 일곱은 혈갈(血竭)이라고 하는데, 혈갈이란 뜀박
질이나 노동을 하여 땀이 흐르는데 (땀이 채 마르기도 전에) 교접
을 하되 둘 다 만족한 후에 또다시 옥경을 억지로 깊숙이 집어넣어
계속하여 사정(射精)함으로써 피가 마르고 기(気)가 고갈되어 피부
가 거칠어지고 옥경이 아프며 음낭(陰嚢)이 습해지고 정액(精液)에
피가 섞여 나오게 되는 것을 말한다. 이것을 다스리려면 여자로 하
여금 엉덩이를 높이 들고 바로 눕게 한 다음 남자가 여자의 가랑이
사이로 들어가 무릎을 꿇고서 옥경을 깊숙이 집어넣고 여자로 하여

금 운동하게 해 음액이 흘러나오거든 그만두도록 한다. 남자가 절정
에 도달하지 않도록 해야 한다. 이것을 하루에 아홉 번씩 10일간 행
하면 낫는다. "

(혈   갈)

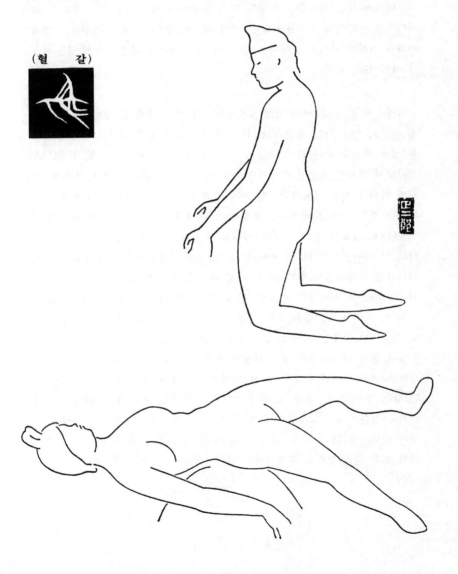

〔해설〕 '혈갈(血竭)'은 앞서 나온 '기설(氣泄)'이 더욱 심해진 경우로서, 농밀한 성교를 연속적으로 했을 때 본문에서 말한 바와 같은 여러 가지 증상이 나타난다.

그런데 이것을 치료하는 방법도 역시 깊숙이 성기를 결합하는 체위를 취한다. 즉 대향위의 굴곡형으로서 '구법'의 제1법(용번)과 비슷한데, 남자가 여자의 가랑이 사이로 들어가는 점이 다르다. 이것은 결합을 깊게 하는 체위인 것이다.

이상에서 보아 온 바와 같이 방중술에서의 체위(體位)는 결코 성적 쾌감을 목표로 하고 있는 것만은 아니다. 그러나 좀더 깊게 살펴보면 그것은 모두 성적 쾌감을 보다 많이 즐길 수 있도록 고안된 것이라고도 할 수 있다.

이렇게 말하면 모순된 이야기를 하는 것 같지만, 모든 노력이 진정한 쾌락에 있다는 것은 명백하다. 잘 살기 위해서는 힘든 노력을 하지 않으면 안 된다는 것은 진리(眞理)이다. 진정한 성적 쾌감을 얻기 위해서는 힘든 노력이 절대로 필요한 것을 이 책은 일깨워 주고 있다. 다시 말하면 본장(本章)이나 더 나아가서는 이 책 전체가, 보다 나은 성생활을 누리기 위해서는 이러이러한 트레이닝이 필요하다는 것을 가르쳐 주고 있다는 말이다. 그런 의미에서 다음에 이어지는 제18장 '환정(還精)'은 이 책의 클라이맥스라고 할 수 있을 것이다. '교접을 하되 사정은 절제하라'는 것은 방중술의 가장 중요한 비법인데 다음 장에서 그것을 다루고 있는 것이다.

고대 동양 의학에서는 생명 현상의 동태(動態)를 기(氣)로 보고, 이것이 형태를 가지고 나타난 것을 혈(血)이라고 생각했다. 그리고 혈(血)과 정(精)은 같은 것으로 생각했다. 그래서 정액을 배설하지 않고 이를 기(氣)의 에너지로 전환시켜 불노장생의 열매를 거두기 위한 '환정(還精)'의 방법을 고안해 냈다. 정(精)을 잃는 것 즉 사정(射精)은 기와 혈을 모두 허(虛)하게 하여 노화(老化)현상을 촉진시키기 때문이다.

第18章
還　精

《옥방비결》에서 채녀(采女)가 이렇게 물었다.

"교접은 사정(射精)을 함으로써 쾌감을 얻는 것인데, 그것을 막아 사정을 하지 않으면 도대체 무슨 즐거움이 있겠사옵니까?"

이에 대하여 팽조(彭祖)가 대답했다.

"무릇 사정을 하고 나면 몸이 나른해지고 귀가 웅웅거리며 눈이 꺼끌꺼끌하니 졸음이 오고 목구멍이 마르며 뼈마디가 노골노골해진다. 비록 회복된다고는 해도 잠시의 쾌감이 결국 불쾌로 끝나는 것이다. 만약 사정이 되려 해도 참고서 사정을 하지 않으면 기력이 남아 돌고 몸이 편안하며 눈과 귀가 밝아진다. 비록 스스로 억제한다고 해도 마음은 또다시 되풀이하고자 한다. 이렇게 언제나 교접을 되풀이하고자 원한다면 어찌 즐거움이 없다 하겠는가!"

〔해설〕 '교접하되 사정은 하지 않는다'는 것이 방중술의 요결(要決)이라 함은 앞에서 누차 이야기했다. 그러나 사정을 함으로써 쾌감을 얻는 것이 남자가 교접을 하는 목적인데, 사정을 하지 않을 양이면 도대체 무슨 재미로 교접을 한단 말인가? 이와 같은 채녀의 의문이야말로 이 책을 읽는 독자 여러분이 모두 가지고 있는 의문일 것이다. 이에 대하여 팽조는 참으로

명쾌한 대답을 해 주고 있다. 교접을 하여 일단 사정을 하고 나면 온몸이 나른해지는 것은 생리적인 사실이다. 또 어떤 경우에는 후회까지 하게 되는 일도 있다. 하지만 (이것은 실제 이 방법을 시행해 보아야 알게 되지만) 사정을 하지 않고 한 차례의 교접을 마치면 (즉 여자만 오르가즘에 도달하게 해 주고 끝내면) 첫째 몸이 나른해진다는 일은 결코 있을 수가 없다. 그리고는 마음은 뿌듯해지며 또다시 교접을 되풀이하고 싶어진다. 마치 맛있는 것을 아끼는 것과 같은 이치이다. 더구나 교접을 하되 사정(射精)은 하지 않는다고 해서 평생 동안 사정을 하지 말라는 말이 아닐 것은 독자 여러분도 짐작할 수 있을 것이다. 어느 경우에 어떻게 사정을 해야 하는가는 이 책 제19장에 나오지만, 우선은 사정이 되려 하는 것을 참을 때 어떤 효과가 있는지에 대하여 소녀(素女)의 설명을 들어 보기로 하자.

같은 책에서 황제가 이렇게 물었다.

"사정(射精)이 되려 하는 것을 참고 사정하지 않으면 도대체 무슨 효과가 있는가?"

이에 대하여 소녀가 아뢰었다.

"처음에 사정이 되려 하는 것을 참고 사정하지 않으면 기력이 강해지옵니다. 재차 사정이 되려 하는 것을 참고 사정하지 않으면 귀와 눈이 밝아지옵니다. 세 번째 사정이 되려 하는 것을 참고 사정하지 않으면 온갖 병이 없어지옵니다. 네 번째 그렇게 하면 오장이 모두 편안해지옵니다. 다섯 번째 그렇게 하면 혈맥(血脈)이 충실해지옵니다. 여섯 번째 그렇게 하면 등허리가 튼튼해지옵니다. 일곱 번째 그렇게 하면 엉덩이와 가랑이 부분에 더욱 힘이 붙사옵니다. 여덟 번째 그렇게 하면 몸에 윤기가 돌게 되옵니다. 아홉 번째 그렇게 하면 수명이 연장되옵니다. 열 번째 그렇게 하면 신명(神明)에 통하게 되옵니다."

〔해설〕 여기에서 소녀는 사정을 참음으로써 얻을 수 있는 효과를 약간 과

장되게 설명하고 있다. 그러나 그 이야기의 골자는 되도록 교접의 시간을 연
장시키라는 것으로 요약할 수 있다. 다시 말하면 남자의 생래적인 조루를 경
계하고 있는 것이다. 그렇게 함으로써 여자의 기(氣)를 얻어 건강하게 오래
오래 살 수 있다는 것을 암시하고 있다. 여자를 충분히 만족시킴으로써만이
여자의 기(氣)를 얻을 수 있다는 것이다. 여기에서 우리는 다시 한 번 방중
술의 가장 기본이 되는 명제를 떠올리지 않을 수 없다. 제 1 장에서 말한 '원
래 음양의 법에 있어서는 여자가 남자보다 강한 것이다. 그것은 물이 불을
이기는 것과 같은 이치이다'는 명제 말이다.

　어떻게 생각하면 고대 방중술은 약한 남자들의 눈물겨운 노력의 결정이었
다고도 말할 수 있을 듯하다. 다시 말하면, 방중술이란 생래적(生來的)으로
약한 남자들의 강장술(強壯術)로서 고안된 것이라고도 할 수 있다는 말이다.
정력 증강에 좋다고 하면 무엇이건 닥치는 대로 먹는 현대인의 심리는 어쩌
면 뿌리 깊은 전통인지도 모른다.

　《옥방지요(玉房指要)》에 이렇게 씌어 있다.

　"하루에 수십 번 교접을 하면서도 능히 사정을 하지 않으면 온갖
병이 사라지고 수명이 늘어난다. 또 자주 여자를 바꾸어 교접하면
이로움이 많다. 열 사람 이상 바꾸어 교접하면 아주 좋다."

　〔해설〕 여기서는 사정을 참는 효과를 종합적으로 결론짓고, 방중술의 3원
칙을 다시 한 번 강조하고 있다. 이어서 사정이 되려 하는 것을 어떻게 참느
냐 하는 구체적인 방법이 나온다.

　또 《선경(仙經)》을 인용하여 이렇게도 씌어 있다.

　"환정보뇌(還精補腦)의 길은 교접을 하다가 사정이 되려 할 때 재
빨리 왼손의 가운뎃손가락 두 개로 음낭과 항문 사이를 누르는 데
있다. 거기를 세게 누르고 길게 숨을 토하며 동시에 이를 수십 번
악물되 숨을 멈추지 말도록 한다. 그러면 정액(精液)이 나오려 하

다가 도로 옥경을 거슬러 올라가 뇌(腦) 안으로 들어간다. 이 방법
은 신선들의 비전(秘伝)으로서 함부로 이를 세상에 전하면 반드시
재앙을 입는다며 피를 마시고 맹세했다."

또 이렇게도 씌어 있다.

"만약 여자와 교접하여 이익을 얻고자 한다면, 사정이 되려고 할
때 급히 머리를 들고 눈을 부릅뜨고서 상하 좌우(上下左右)를 보며
복부(腹部)를 움츠리고 숨을 멈추도록 한다. 그러면 사정이 되지 않
는다. 함부로 이 방법을 세상에 전하지 말라. 이 방법을 한 달에
두 번씩 1년간 24번 행하면 안색이 좋아지고 온갖 병이 사라져 백
살 이상의 수명을 누릴 수 있게 된다."

〔해설〕환정(還精)의 목적은 여자의 기(氣)를 취하는 '채기(採氣)'와 자
신의 정(精)을 기(氣)로 변화시켜 저장하는 '보뇌(補腦)'의 두 가지이다. 여
기에 그 구체적인 방법이 나와 있는데 《선경(仙經)》이라는 책에 대해서는 자
세히 알려져 있지 않다. 비법(秘法) 중의 비법이라고 해서 그 출처가 모호
한 것이다.
　그 요령은 기분 전환과 호흡의 변화를 시도하는 것이다. 흥분이 되었을 때
는 으레 호흡이 빨라지는 법인데 그럴 때 심호흡을 하면 흥분이 가라앉는 것
은 일상 생활에서도 흔히 경험할 수 있는 일이다. 또 급히 눈을 부릅뜨고서
주위를 둘러보라는 것은 기분 전환을 꾀하여 성중추(性中樞)의 흥분을 가라
앉게 하는 것을 암시하고 있다. 현대 의학의 입장에서는 전면적으로 긍정은
할 수 없으나, 생식선(生殖腺)과 뇌의 내분비(內分泌)와의 관계를 암시하고
있는 점은 탁견(卓見)이 아닐 수 없다.

《천금방(千金方)》에는 이렇게 씌어 있다.
　"옛날 당(唐)나라 태종 원년에 70여 세쯤 되는 한 노인이 찾아와
이렇게 물었다. '요즘 수십 일 동안 양기가 뻗쳐 할멈과 밤낮으로

교접을 하고 있는데, 이게 과연 좋은 일인가요 좋지 않은 일인가요
？' 이에 대하여 이렇게 말해 주었다. '이것은 아주 나쁜 징조올시
다. 당신은 이런 소리를 듣지도 못했소이까？ 무릇 등잔에 기름이
다해서 그 불이 꺼지려 할 때는 반드시 어두워지다가 잠깐 반짝 밝
아진 다음 이내 꺼지는 것입니다. 지금 당신은 인생의 황혼에 접어
들어 마땅히 정기를 아껴야 하는데, 갑자기 양기가 뻗치는 것은 어
찌 이를 정상(正常)이라고 할 수 있겠소이까？' 노인은 그 후 40일
만에 병을 얻어 죽었는데, 이것은 삼가지 않은 탓이다. 무릇 생명력
을 기르려면 양기가 뻗칠 때 반드시 이를 억눌러 정기를 아껴야 하
는 것이다. 만약 한 번 억제하여 사정(射精)을 하지 않는다면 이는
등잔에 기름을 보태는 셈이 된다. 만약 억제하지 못하여 제멋대로
사정을 하게 되면 이는 기름이 다 떨어져 가는 등잔에서 기름을 더
덜어내는 셈이 되는 것이다."

〔해설〕《천금방》제27권의 끝부분에 있는 구절인데, 사람이 그   정(精)을
아껴야 하는 까닭을 참으로 알기 쉽게 똑똑히 가르쳐 주고 있는 이야기이다.
　노자(老子)는 "만족함을 아는 자는 언제나 풍족하다."고 했으며,《예기(禮
記)》에는 "들어올 수입을 감안하여 쓸 궁리를 하라. 나라에 9년 동안 쓸 것
을 비축해 놓지 않고 있으면 그 나라는 가난한 나라인 것이고, 6년 동안 쓸
것을 비축해 놓지 않고 있으면, 그 나라는 위급한 상황에 놓이게 되며, 3년
동안 쓸 것을 비축해 놓지 않고 있는 나라는 이미 망한 것이나 진배없다."는
대목이 있다. 독일의 근대 철학자 임마누엘 칸트도 "어릴 적부터 욕심을 억
제하는 일을 배우지 못한 자는 평생 불행하다."고 말하고 있다. "사람이 나
이 서른에 이르면 마땅히 방중술이라는 것을 알고 있어야 한다."고 말하는
까닭이 여기에 있는 것이다.

　그러나 앞에서도 여러 차례 말한 바와 같이 사정을 억제하는 주된 목적은
진정한 기쁨을 위한 성의 절제(節制), 그리고 선천적으로 조루의 경향이 있

는 남자의 강장(強壯 ; 즉 지속력의 단련)에 있는 것이다. 이것을 말해 주는 것이 다음에 이어지는 제19장으로서, 여기에서는 사정하는 횟수의 표준을 다루고 있다. 방중술에서는 정기(精氣)를 아끼되, 절대로 사정하지 않는 경우의 해로움도 가르치고 있는 것이다. 그것은 음양 교류의 원리에 위배되어 기가 정체됨으로써 도리어 나쁘다는 것이다.

第19章
施　寫

《옥방비결》에서 황제가 소녀에게 이렇게 물었다.

"음양 교접의 도(道)에서 중요한 것은 정액을 소중히 여겨 사정을 하지 않는 것이라고 하는데, 만약 자식을 얻고자 한다면 사정을 하지 않을 수 없지 않은가?"

이에 대하여 소녀가 아뢰었다.

"사람에게는 체질의 강약과 연령의 노소(老少)에 각각 차이가 있사옵니다. 따라서 각자가 그 기력의 정도에 따라 무리하게 쾌락을 바라서는 안 되옵니다. 무리하게 쾌락을 좇다가는 곧 몸에 해가 되옵니다.

남자가 나이 20세로 건강한 자는 하루에 두 번, 약한 자는 하루에 한 번 사정을 해도 좋사옵니다.

나이 30세로 건강한 자는 하루에 한 번, 약한 자는 이틀에 한 번 사정을 해도 좋사옵니다.

나이 40세로 건강한 자는 사흘에 한 번, 약한 자는 나흘에 한 번 사정을 해도 좋사옵니다.

나이 50세로 건강한 자는 닷새에 한 번, 약한 자는 열흘에 한 번 사정을 해도 좋사옵니다.

나이 60세로 건강한 자는 열흘에 한 번, 약한 자는 20일에 한 번 사정을 해도 좋사옵니다.

나이 70세로 건강한 자는 30일에 한 번 사정을 해도 좋으나, 약한 자는 사정을 해서는 안 되옵니다."

또 이렇게도 씌어 있다.

"나이 20세에는 이틀에 한 번, 30세에는 사흘에 한 번, 40세에는 나흘에 한 번, 50세에는 닷새에 한 번 사정을 하고, 60세를 넘으면 사정해서는 안 된다."

〔해설〕 앞에서 황제의 물음에 대답한 것이나 뒤에 나오는 것이나 모두 같은 소녀(素女)의 말인데도 횟수에 차이가 있다. 1200명의 후궁들과 더불어 방중술을 도통한 황제에게 말하는 것과 일반 속인들에게 말하는 것과는 어쩌면 당연히 달라야 할지도 모른다. 그 사람의 체력이나 환경에 따라 차이가 있음을 소녀는 이로써 암시하고 있다고 해석할 수도 있으리라.

《양생요집(養生要集)》에서 도인(道人) 유경(劉京)이 이렇게 말했다.

"봄에는 사흘에 한 번, 여름과 가을에는 한 달에 두 번 사정을 하되, 겨울에는 일체 사정을 해서는 안 된다. 무릇 하늘의 이치는 겨울이 되면 양기(陽氣)가 퇴장(退藏)하는 법이다. 따라서 오래 살고 싶으면 이 법을 따라야 한다. 겨울의 한 번은 봄의 100번에 해당한다."

〔해설〕 고대 동양 의학에서는, 모든 생물은 봄·여름·가을·겨울의 4계절에 따라 생·장·수·장(生長收藏)을 되풀이한다고 말하고 있음은 앞에서 쓴 바와 같다. 만약 이에 거스르면 그 생명에 손상을 입는다는 것이다. 봄은 양기가 충만하는 계절이므로 많이 사정해도 좋지만 겨울은 음기가 많은 계절이므로 사정을 되도록 적게 해야 한다는 이론(理論)은 위와 같은 동양 의

학의 독특한 이론에 근거하고 있다. 이 책의 제24장 '금기(禁忌)'에서도 계절에 따른 제한이 나오는데, 인체의 생활상(生活相)을 계절적으로 포착하고 있음은 탁견(卓見)이라고 아니 할 수 없다.

《천금방》에 소녀(素女)의 법이라 하여 이렇게 씌어 있다.

"나이 20세인 자는 나흘에 한 번, 나이 30세인 자는 8일에 한 번, 나이 40세인 자는 16일에 한 번, 나이 50세인 자는 21일에 한 번 사정을 하고, 나이 60세가 넘으면 사정해서는 안 된다. 그러나 체력이 아직 강건하면(비록 60세가 넘어서도) 한 달에 한 번 사정해도 좋다. 무릇 사람들 가운데는 유달리 체력이 강한 사람이 있는바, 그런 사람은 억지로 무리하게 참아서는 안 된다. 오랫동안 사정을 하지 않으면 옹저(癰疽)가 생긴다."

〔해설〕《천금방》 제27권에는 이 구절 앞에 "여자를 다루는 법〔御女法〕은 한 달에 두 번씩 1년에 24회 사정을 하는바, 그렇게 하면 누구나 200살까지 살 수 있다."고 씌어 있으며 '소녀의 법〔素女法〕'이라고는 씌어 있지 않다. 이로 미루어볼 때 이 책의 출전인 송판(宋版)《천금방》이 '御'를 '素'로 잘못 쓴 것인지도 모른다. 아무튼 앞에서 소녀가 말한 횟수와는 현격한 차이가 있다. 그러나 여기에서 제시한 횟수가 우리 속인(俗人)에게는 가장 표준적인 것으로 보인다.

또, 억지로 무리하게 참고서 오랫동안 사정을 하지 않으면 옹저가 생긴다고 하여 '교접하되 사정은 하지 않는다'는 방중술의 원칙에 대한 오해를 해명하고 있다. 옹저(癰疽)란 신진대사가 이루어지지 않기 때문에 생기는 종기를 말한다.

《동현자(洞玄子)》에는 이렇게 씌어 있다.

"무릇 사정을 하고 싶을 때는 반드시 여자가 어느 정도 쾌감을 느끼고 있는지 가늠하여 함께 절정에 도달하도록 해야 한다. 남자는 마땅히 옥경을 얕게 빼내어 유서·맥치(兪鼠·麦歯 ; 클리토리스와

소음순)의 사이에서 마치 어린아이에게 젖을 빨리듯이 귀두(龜頭)
만으로 운동시키도록 해야 한다. 그와 동시에 눈을 감고 정신을 안
으로 모으고서 혀를 아랫턱에 붙이며, 등을 구부려 머리를 당기고,
콧구멍을 크게 벌리며 어깨를 움츠리고, 입을 다문 채 숨을 들이마
시면 정액이 나오려다가도 되돌아 올라간다. 이렇게 하면, 사람에
따라 차이는 있으나, 대략 70~80%의 정액은 절약할 수 있다. "

  〔해설〕 여기에서는 사정을 하더라도 그 양을 절약하는 중절 성교(中絕性
交)의 기법까지 설명하고 있는데, 그것은 앞서 이야기한 연기・도인의 방법
을 이용하는 것임은 말할 것도 없다. 또한 사정(射精)의 타이밍은 여자가 오
르가즘에 도달하는 데 맞추어야 한다는 것도 잊지 않고 강조하고 있음에 주
목해야 할 것이다.

  다음에 이어지는 제20장 '치상(治傷)'은 교접에 의해 일어나는 여러 가지
육체적 기능 실조 및 기질적 손상을 예방・치료하는 방법을 다루고 있다.

第20章
治　傷

《옥방비결》에서 충화자(冲和子)는 이렇게 말했다.

"무릇 정욕(情欲)이 내키는 대로 교접을 하면 반드시 건강에 손
상을 입는다. 이것을 다스리려면 역시 교접에 의존해야 하는바, 마
치 숙취(宿醉)를 해장술로 달래는 것과 같은 이치이다."

〔해설〕 방중술에 있어서의 치상(治傷)의 원칙론을 말하고 있는 대목이다.
숙취를 해장술로 달래듯이 교접에 의해 야기된 손상은 교접에 의해서 치료
해야 한다는 것이다.

또 채녀와 팽조의 문답이 이렇게 나와 있다.

"남자의 성쇠(盛衰)는 무엇으로써 알 수 있겠사옵니까?"

이러한 채녀의 질문에 팽조는 이렇게 말했다.

"양(陽)이 성하여 기(氣)를 얻으면 옥경이 마땅히 뜨거워지고 그
정액이 걸쭉해진다. 이와 반대로 양이 쇠하면 다음과 같은 현상이
일어난다.

첫째 정액이 새어나오는데, 이것은 기(氣)가 상했기 때문이다.

둘째 정액이 묽고 그 양이 적은데, 이것은 육(肉)이 상했기 때문

이다.

세째 정액에서 나쁜 냄새가 나게 되는데, 이것이 근(筋)이 상했기 때문이다.

네째 사정하는 순간 힘있게 사정이 되지 않는데, 이것은 골(骨)이 상했기 때문이다.

다섯째 옥경이 일어나지 않게 되는데, 이것은 체(体)가 상했기 때문이다. 무릇 이와 같은 현상은 서서히 교접하지 않고 서둘러 사정을 한 데 원인이 있는 것이다. 따라서 이를 다스리려면 교접하되 사정을 하지 말도록 해야 한다. 그 방법을 100일쯤 계속하면 기력이 반드시 100배 증강된다. "

〔해설〕 팽조는 남자의 정력이 감퇴되는 징후로서 정액(精液)의 변화를 기(氣)·육(肉)·근(筋)·골(骨)·체(體)의 다섯 가지 손상으로 나누어 설명하고 있다. 그러나 이것은 오행설에 입각한 관념적인 분류이지 실제로 근(筋)이나 골(骨)에 직접적인 병변이 생기는 것은 아니다. 여기에서는 요컨대 급하고 난폭한 교접을 경계하고 있는 것이다.

또 이렇게도 씌어 있다.

"교접을 함에 있어서 눈을 뜨고 서로의 모습을 보거나 밤에 불을 밝히고 책을 보면 눈이 나빠지는데, 이것을 다스리려면 밤에 눈을 감고서 교접을 해야 한다.

또 상대를 배 위에 올려 놓고 밑에서 허리를 들어 옥경을 집어넣고 운동을 하면 허리가 아프고 아랫배가 땅기며 두 다리가 휘고 등이 굽는데, 이것을 다스리려면 상대의 위에 올라가 몸을 쭉 뻗고 서서히 교접을 해야 한다.

또 옆으로 누워 상대의 엉덩이를 손으로 받치고 교접을 하면 옆구리가 아프게 되는데, 이것을 다스리려면 똑바로 누워 서서히 교접을 해야 한다.

또 교접을 함에 있어서 머리를 숙이고 뒷목을 쭉 펴면 머리가 묵직하고 목이 뻣뻣해지는데, 이것을 다스리려면 머리를 상대의 이마 위에 올려 놓아 머리가 낮아지지 않도록 해야 한다.

또 저녁밥을 배불리 먹고 아직 소화도 되지 않았는데 교접을 하면 옆구리가 땅기고 가슴이 찢어지는 듯하며 무엇에 체한 것처럼 식욕이 없고 때로는 푸르스름한 것을 토하며 혹은 코피를 흘리고 피를 토하며 얼굴에 종기가 돋는데, 이것을 다스리려면 밤중을 지나 새벽에 교접을 해야 한다.

또 술에 취하여 교접을 함에 있어서 너무 힘을 써서 운동을 하면 간기능이 나빠져 눈이 노래지거나 피부가 검어지고 옆구리가 쑤시고 심신이 불안정하며 심하면 피를 토하고 기역(氣逆)에 이르게 되는데, 이것을 다스리려면 술을 마시지 말고 새벽에 교접을 하되 서서히 몸을 놀려야 한다."

〔해설〕 여기에서는 눈을 뜨고서 교접을 하는 경우, 여성 상위의 고요형 (高腰型), 측위(側位)의 고요형, 머리를 숙이고 뒷목을 편 채 교접하는 경우, 그리고 포식 또는 과음한 경우 등 여섯 가지 원인에 의한 장애 및 그 치료법을 말하고 있다. 앞의 네 가지는 모두 무리한 체위를 취함으로써 야기되는 이상(異常)을 다루고 있고, 뒤의 두 가지는 과음·포식이 운동에 미치는 영향을 다루고 있는 것이다. 특히 급성 간기능 저하에 의한 피부 점막의 비정상적인 색소 침착을 관찰하고 있는 것은 놀라운 일이 아닐 수 없다.

계속하여 이렇게도 씌어 있다.

"소변이 마려운데도 소변을 보지 않고서 교접을 하면 임병(淋病)이 생긴다. 아랫배가 땅기고 소변이 잘 나오지 않으며 옥경이 따끔따끔 아프다. 이것을 다스리려면 먼저 소변을 보고 자리에 누워 한참 쉰 다음 서서히 교접을 해야 한다.

또 대변이 마려운데도 대변을 보지 않고서 교접을 하면 치병(痔
病)이 생겨 대변을 보기가 어려워진다. 이것이 오래 되면 피고름이
나오고 항문 주위에 마치 벌집과 같은 누공(瘻孔)이 생기게 된다.
이를 다스리려면 이른 새벽에 일어나 우선 대변을 본 다음 자리에
누워 한참 쉬고 나서 서서히 교접을 해야 한다.

또 교접을 지나치게 많이 하면 구슬 같은 땀이 흐르고 탈진이 되
는데, 이 때 풍사(風邪)가 몸에 들어오면 손발이 마비된다. 이것을
다스리려면 정신을 가다듬고 지황전(地黃煎 ; 처방의 내용은 해설에
있음)을 복용해야 한다. "

〔해설〕 여기에서는 인간의 생리적인 세 가지 욕구를 무리하게 억제했을 때
일어나는 증상, 즉 소변 억제에 의한 비임균성 급성 요도염, 대변 억제에 의
한 치루(痔瘻), 그리고 방사 과도에 의한 풍질(風疾)에 관해서 다루고 있다.
방사 과도에 의한 풍질은 동양 의학적 병인론(病因論)에 의하면 다음과 같
이 설명되고 있다. 지나친 교접은 정(精)을 잃게 할 뿐만 아니라 신체를 극
도로 피로하게 만들어 땀이 나게 된다. 그런 상태로 잠이 들면 신체의 저항
력이 약해져 있으므로 외부 환경의 변화에 적응하지 못하여 내장이 기능 장
애를 일으키고 팔다리가 마비되는 풍질에 걸린다는 것이다. 본문 중에 나오
는 '풍사(風邪)'란 몸에 해로운 바람이라고도 할 수 있고 또 몸에 들어와 이
미 해로움을 끼친 바람이라고도 할 수 있다. 이것은 곧 '중풍(中風)'이 된
다. 기혈(氣血)이 모두 허(虛)해 있으므로 정신을 가다듬는 한편, 이미 스스
로의 힘으로 채기(採氣)할 수 있는 능력은 없으므로 약물의 힘을 빌지 않을
수 없다. 여기에서 비로소 약물의 사용이 등장하는 점에 유의해 주기 바란
다.

지황전(地黃煎)의 처방은 《천금방》에 상세히 기록되어 있다. 즉, 생지황
(生地黃)과 구기자(枸杞子)를 술로 반죽하여 찧어서 즙을 낸 것 240g, 형력
(荊瀝)과 죽력(竹瀝) 각 120g, 우유와 생강즙 각 60㎖, 인삼(人蔘) 15g, 심
을 제거한 천문동(天門冬) 15g, 백복령(白茯苓) 30g, 술에 찐 대황(大黃)과
생강즙을 발라 검게 구운 산치자(山梔子) 각 20g을 가루로 하여 버무려 가

지고 1회에 3g씩 공복에 복용한다.

또 무자도(巫子都)의 말을 인용하여 이렇게도 씌어 있다.

"사람의 눈을 밝게 하려면 교접을 함에 있어서 사정이 되려 할 때 머리를 들고 숨을 멈추었다 크게 내쉬며 눈을 크게 뜨고서 좌우를 보고 복부를 움츠려 사정이 되려는 정액을 다시 되돌려야 한다.

또 사람의 귀를 밝게 하려면 교접을 함에 있어서 사정이 되려 할 때 숨을 크게 들이마시고 이를 악물어 숨을 멈추고서 귓속에서 바람 소리가 나거든 복부를 움츠려 정액을 다시 되돌려야 한다. 이렇게 하면 나이가 들어도 결코 귀가 어두워지지 않게 된다.

또 오장(五臟)의 기능을 조절하여 소화가 잘 되게 하고 온갖 병을 낫게 하려면 교접을 함에 있어서 사정이 되려 할 때 복부를 움츠리고 숨을 들이마셔서 나오려던 정액을 되돌려야 한다.

또 (교접을 함에 있어서) 허리나 등이 아프지 않게 하려면 벽에 등을 대고 허리를 쭉 편 다음 너무 심하게 고개를 숙이거나 젖히지 말고 허리와 등을 평평하게 해야 한다. 허리와 등은 정액이 되돌아 가는 길이므로 항상 중요시해야 하는 것이다."

[해설] 무자도(巫子都)는 제1장 '지리'에서 이미 얼굴을 내민 적이 있는 방중술의 대가이다.

여기에서는 눈, 귀, 소화 기관, 등허리 근육(腰背筋)의 장애를 치료하는 법 내지는 그것들을 강화시키는 법을 말하고 있다. 그 구체적인 방법은 약간 이해하기 어렵기는 하지만, 요컨대 환정(還精)을 기초로 한 방중술이라고 하겠다. 모두 동양 의학의 이론에 기초하고 있다.

또 이렇게도 씌어 있다.

"무릇 음양의 도(道)에서는 정액(精液)을 소중하게 여긴다. 그렇게 함으로써만이 생명을 제대로 유지할 수 있는 것이다. 무릇 사정

(射精)을 한 후에는 마땅히 여자의 기(氣)를 얻어서 스스로를 보
(補)해야 한다. 또한 정액을 아끼려면 옥경을 옥문에 넣고서 (계속
운동시킬 것이 아니라) 한참씩 쉬어야 하며, 사정이 되려 할 때는
왼손으로 회음부(會陰部)를 눌러 정액을 되돌려야 한다. 그리고 여
자의 기를 얻으려면 구천일심(九淺一深)의 방법을 써야 한다. 여자
와 더불어 입을 맞추고 입으로 숨을 쉬되 내쉬는 숨보다 들이마시
는 숨을 2배쯤 길게 끌어 그 기(氣)가 복부에까지 이르게 한다. 3
번 이것을 되풀이하고서 옥경을 얕게 찌르도록 한다. 옥경의 출입
은 약입강출(弱入强出)이라고 하여 단단해졌을 때 얕게 빼내고 부
드러워졌을 때 깊이 집어넣어야 한다. 음양의 조화(調和)는 유서·
맥치(兪鼠·麦齒 ; 클리토리스와 소음순) 사이에서 얻어지는바, 너
무 깊숙이 교접을 하면 오장을 상하게 된다."

　위와 같은 무자도(巫子都)의 말에 이어서, 황제(黃帝)의 물음에
대하여 대답하는 형식으로 이렇게 계속하여 씌어 있다.
　"위와 같은 잘못을 범했을 때 이를 다스리려면 마땅히 여자를 이
용해야 하옵니다. 여자로 하여금 반듯이 누워 양쪽 가랑이를 9촌(약
30 cm)쯤 벌리게 하고서 남자가 이 사이에 들어가 먼저 옥장(玉漿)
을 마시고 잠시 홍천(鴻泉 ; 외요도구)을 희롱한 다음 서서히 옥경
을 집어넣고 손으로써 이를 조절하옵니다. 즉 유서·맥치(兪鼠·麦
齒 ; 클리토리스와 소음순)의 사이에 옥경이 닿게 하면 여자가 쾌감
에 몸부림을 치게 되는 것이옵니다. 남자는 옥경을 단단하게 유지
시키고 결코 사정해서는 안 되옵니다. 그리고서 30번 정도 숨을 쉬
고 옥경을 단단하게 한 다음 서서히 곤석(昆石 ; 대전정선)까지 집
어넣으면 더할 수 없이 강대(强大)해지옵니다. 강대해지거든 이를
꺼내어 한동안 쉬고 나서 부드러워진 다음에 다시 이를 집어넣사옵
니다. 언제나 이처럼 부드러워지면 집어넣고 강대해지면 꺼내도록

하면 열흘도 지나기 전에 단단하기가 강철과 같고 뜨겁기가 불과 같아 결코 어떤 싸움에도 지는 일이 없게 되옵니다."

〔해설〕 여기서는 환정(還精)의 목적을 이루기 위한 기법을 잘못 이용했을 때 어떠한 장애가 발생하며, 그 치료법은 어떻게 해야 하는가를 말하고 있다. 그런데 원문(原文)은 지극히 난해한 구석이 있어서 여기서는 간추려 옮겨 놓았음을 밝혀 둔다.

　그러나 그 요지는 요컨대 천천히 시간을 들여 교접하도록 하며 호흡에 맞추어 페니스의 전진・후퇴 동작을 해야 한다는 것이다. 침술(鍼術)에서도 숨을 내쉴 때 찌르고 숨을 들이쉴 때 뽑도록 되어 있는데, 그 원리를 방중술에도 응용하고 있는 것이다.

　제20장 '치상'은 이 대목을 결론으로 하고 끝난다. 다음에 이어지는 제21장은 수태(受胎)의 이론과 그 방법을 다루고 있다. 그 내용은 대부분이 미신적인 것으로서 오늘날 이를 응용하기는 곤란하지만, 옛 사람들이 어디까지 생각하고 있었던가를 알아보는 데 크게 참고가 될 것이다.

第21章
求　　子

《천금방》에 이렇게 씌어 있다.

"무릇 결혼을 하여 아이를 가지는 것은 사람된 도리의 기초가 되는 것이다. 옛 성현은 그러한 뜻을 자세히 가르친 바 있으나 오늘날의 사람들은 이를 잘 알지 못하고 있으니 안타깝다 하지 않을 수 없다. 이에 아들을 얻는 법을 자세히 설명하노니 뜻이 있는 사람은 이를 보아 주기 바란다."

계속하여 이렇게 씌어 있다.

"무릇 아들을 얻기 바라는 자는 우선 부부(夫婦)의 사주 팔자가 서로 상생(相生)하고 덕(德)과 합(合)을 이루며 자휴(子休), 폐사(廃死), 묘중(墓中) 등의 흉일(凶日)에 태어나지 않아야 한다. 만약 부부의 사주 팔자가 서로 상극(相克)하고 형살(刑殺)과 충파(衝破)되어 있으며 자휴, 폐사, 묘중 등의 흉일에 태어난 경우는 결코 아들을 얻을 수 없다. 그러나 사주 팔자를 제대로 타고난 사람들일지라도 올바른 아들을 얻으려거든 올바른 방법을 쓰지 않으면 안 되니 마음을 놓아서는 안 된다."

계속하여 이렇게 씌어 있다.

"무릇 올바른 아들을 얻으려거든 마땅히 병·정일(丙·丁日)과 현망삭회(弦望朔晦), 대풍(大風), 대우(大雨), 대무(大霧), 대한(大寒), 대서(大暑) 등의 일기가 불순한 날에는 교접하지 말아야 한다. 그러한 날에 교접하여 아이를 배면 다만 부모에게 해가 있을 뿐만 아니라 태어난 아이가 정신 박약이나 불구가 아니면 불효자가 된다. 또한 교접을 하는 자리도 불빛 아래나 사당 안 또는 변소 옆이나 묘지 옆 등을 피해야 한다."

또 이렇게도 씌어 있다.

"만약 아들을 얻으려거든 부인의 월경이 끝난 후 1,3,5 일을 기다려 왕상일(王相日) 및 귀숙일(貴宿日)에 해당하는 날의 야반후(夜半後) 생기시(生氣時)에 사정(射精)을 하면 반드시 귀한 아들을 얻을 수 있다. 월경이 끝난 후 2,4,6일에 사정을 하면 아이를 잉태해도 반드시 계집아이를 낳게 된다."

[해설] 운명학의 이론적 근거는, 인간이 천지 자연의 기운을 받아서 태어난다는 데 두고 있다. 따라서 이 이론적 근거에 대한 규명이 없는 한, 우리는 그것을 미신이니 아니니 함부로 말할 수도 없다.

하지만 일기가 고르지 못한 날이나 주위 환경이 좋지 않은 곳에서 음양 교접을 시도하는 것이 좋을 이치가 없음은 수긍이 된다.

아뭏든 《천금방》 제27권에 있는 해설을 여기에 첨부해 둔다.

"왕상일(王相日)은 봄철의 갑인(甲寅)·을묘(乙卯), 여름철의 병오(丙午)·정사(丁巳), 가을철의 경신(庚申)·신유(辛酉), 겨울철의 임자(壬子)·계해(癸亥)에 해당하는 날을 말한다.

또 귀숙일(貴宿日)은 음력으로 1월의 1·6·9·10·11·12·14·21·24·29일, 2월의 4·7·8·9·10·12·14·19·22·27일, 3월의 1·2·5·6·7·8·10·17·20·25일, 4월의 3·4·5·6·8·10·15·18

22·28일, 5월의 1·2·3·4·5·6·12·15·20·25·28·29·30일, 6월의 1·3·10·13·18·23·26·27·28·29일, 7월의 1·8·11·16·21·24·25·26·27·29일, 8월의 5·8·10·13·18·21·22·23·24·25·26일, 9월의 3·6·11·16·19·20·21·22·24일, 10월의 1·4·9·10·14·17·18·19·20·22·23·29일, 11월의 1·6·11·14·15·16·17·19·26·29일, 12월의 4·9·12·13·14·15·17·24일이다.

왕상일과 귀숙일이 맞아떨어지는 날이 가장 좋다."

또 '야반(夜半)'은 한밤중 즉 자정(밤 12시)을 말하며, 자정에서 오정(낮 12시)까지를 '생기시(生氣時)'라 하고 오정에서 자정까지를 '사기시(死氣時)'라고 하는 것이다.

《산경(産經)》에서 황제(黃帝)는 이렇게 말했다.

"사람의 생명은 태내(胎內)에서 음양(陰陽)이 합쳐짐으로써 비롯하는 것이다. (그러므로) 음양을 합할 때에는 반드시 아홉 가지 화 [九殃]를 피해야 한다. 아홉 가지 화, 즉 구앙(九殃)은 다음과 같다.

첫째, 한낮[正午]에 수태(受胎)된 아이는 소화기관의 장애가 있다.

둘째, 한밤중[子正]에 수태된 아이는 벙어리 아니면 귀머거리, 장님이 된다.

셋째, 일식(日蝕) 기간 동안에 수태된 아이는 불구자(不具者)가 된다.

네째, 천둥·번개가 칠 때 수태된 아이는 미치광이가 되기 쉽다.

다섯째, 월식(月蝕) 기간 동안에 수태된 아이는 출생할 때 산모(産母)와 함께 흉(凶)한 꼴을 당한다.

여섯째, 무지개가 섰을 때 수태된 아이는 성질이 고약하게 된다.

일곱째, 동지(冬至) 및 하지(夏至)에 수태된 아이는 부모를 해롭게 한다.

여덟째, 현망(弦望)의 날에 수태된 아이는 반드시 불량배가 된다.

아홉째, 술에 취했거나 과식(過食)을 했을 때 수태된 아이는 정신병이나 피부병으로 고생하게 된다."

〔해설〕《산경(產經)》은 수(隋)나라의 덕정상(德貞常)이 편찬한 12권의 산과 전서(產科專書)로서 중세의 동양 의학계에 널리 쓰이던 책이다. 여기에서도 요컨대 천변지이(天變地異)나 비정상적인 상태에서 수태하는 것을 경계하고 있는 것이다. '현망(弦望)'의 '弦'은 음력 8일과 23일쯤의 반달을, '望'은 음력 보름의 보름달을 가리킨다.

《옥방비결》에서 소녀(素女)는 이렇게 말했다.

"아들을 얻고자 하면 스스로 지켜야 할 도리가 있다. 몸을 깨끗이 하고 마음을 텅비워 쓸데없는 잡생각을 하지 말고, 여자의 월경이 끝난 후 3일째의 야반후(夜半後) 닭이 울기 전에 교접을 하되, 여자를 충분히 애무하여 여자로 하여금 열이 오르게 한 다음에 음양을 합하도록 해야 한다. 또한 사정을 할 때는 옥경을 맥치(麥齒;소음순)까지 얕게 빼내어 사정하도록 해야 하며, 너무 깊이 넣고 사정을 하면 정액이 자궁을 지나쳐 버려 아이를 밸 수 없게 된다."

〔해설〕소녀가 말하고 있는 이 대목은 앞서의 《천금방》보다 훨씬 실제적이다. 과연 방중술의 대가답게, 스테미너가 왕성한 새벽에 여자를 충분히 애무한 다음 교접을 해야 아들을 얻을 수 있다고 말하고 있다.

그리고 소녀의 말에서 또 한 가지 주목해야 할 점은 얕게 사정을 해야 수태율(受胎率)이 높아진다는 것이다. 이것은 생각해 볼 만한 가치가 있는 이론이 아닐 수 없다. 히알우론산 분해 효소(hyaluronidase)의 관계를 고려해 보지 않으면 안 되는 것이다.

또 소녀는 월경 후 3일째의 야반후에 교접을 하도록 말하고 있으나, 같은 《옥방비결》에서 팽조는 월경 후 15일째 새벽에 교접을 해야 좋은 아이를 얻을 수 있다고 말하고 있다. 이것은 현대 의학의 오기노(荻野) 학설에 의한 배란일과 거의 일치하고 있다.

또 이렇게도 씌어 있다.

"여자가 아이를 배지 못하면, 왼손에 붉은 팥 14알을 쥐고 오른손으로 남자의 옥경 귀두를 잡아 자신의 옥문 안에 받아들이도록 한다. 남자의 옥경이 옥문에 들어오는 순간에 왼손의 팥을 입안에 털어넣고 교접을 행하되, 남자의 정액(精液)이 쏟아져 나오는 것과 동시에 그 팥을 삼키도록 한다. 이렇게 하면 반드시 아이를 밸 수 있다."

〔해설〕 아무런 과학적 근거를 찾을 길 없는 미신이라고밖에는 할 수 없으나, 여러 가지로 애를 써도 임신이 안 되는 사람은 한번 시도해 보아도 무방할 것이다. 밑지는 일은 하나도 없는 일이니까.

《동현자(洞玄子)》에는 이렇게 씌어 있다.

"무릇 자식을 얻고자 하면 여자의 월경이 끝난 후 교접을 해야 한다. 월경이 끝난 후 1,3일에 교접을 하면 사내아이를 얻을 수 있고, 월경이 끝난 후 4,5일에 교접을 하면 계집아이가 태어나게 된다. 그리고 5일 이후의 교접은 헛되이 정력(精力)만 손해볼 뿐 아무 이득이 없는 것이다. 또한 (자식을 얻기 위한) 교접을 할 때는 여자가 절정에 다다르기를 기다려 남녀가 동시에 사정(射精)하도록 해야 한다. 사정할 때도 반드시 남김없이 시원스럽게 사정하도록 한다."

〔해설〕 《동현자》의 구자법(求子法)은 월경 후 며칠이라는 대목에서 과학적인 납득이 되지 않는다. 남자의 정자(精子)는 여자의 자궁 안에서 평균 3

일은 생존한다는 것이 일반적인 학설이다. 길게는 7일 이상 생존하는 예도 있다고 한다.

또 같은 책에 이렇게도 씌어 있다.

"무릇 아이를 밴 여자는 언제나 착한 일만 해야 한다. 나쁜 일이나 나쁜 말은 보지도 듣지도 말아야 하며 놀라지도 말고 힘든 일도 하지 말며 근심 걱정을 하지도 말고 자극이 심한 음식을 먹지도 말아야 한다. 그리고 마음을 가다듬고 언제나 성현의 책을 읽도록 해야 한다."

〔해설〕 제21장은 임신 중의 양생(養生)으로 마무리되어 있다. 이른바 '태교(胎敎)'의 원조라고나 할까, 지극히 세심한 배려를 아끼지 않고 있다.

다음에 이어지는 제22장 및 제23장은 방중술의 파트너로서 어떤 타입의 여자가 적당한지를 구체적으로 밝히고 있다.

第22章
好 女

《옥방비결》에서 충화자(冲和子)는 이렇게 말했다.

"우아하고(婉嬾), 정숙(淑愼)한 것은 여자의 아름다움이다. 그리고 그 생김생김이 고우면 이는 보기에도 좋을 뿐만 아니라 상대하는 남자의 건강을 이롭게 한다."

이어서 충화자는 이렇게도 말했다.

"여자를 고를 때는 반드시 젊은 여자를 골라야 한다. 살집이 좋고 삼단 같은 머리털에 눈이 작고 흰자위와 검은자위가 뚜렷한 여자로서 목소리가 고우며 체격이 크지 않고 아담한 여자가 좋다. 또한 음부(陰部)와 겨드랑이 아래에 털이 나지 않았거나 났어도 가늘고 부드러워야 한다."

《대청경(大淸經)》에서 황제가 소녀에게 이렇게 물었다.

"입상여인(入相女人)이란 도대체 어떠한 여자를 말하는가?"

이에 대하여 소녀가 아뢰었다.

"입상여인이란 천성이 온순하고 목소리에 윤기가 있으며 삼단 같은 검은 머리털에 부드러운 피부, 아담한 체격을 가지고 있으며 공

혈(孔穴)이 위로 치올라 붙어 있고 음부에 털이 없으며 음액(陰液)
이 많은 여자를 말하옵니다. 나이는 25세에서 30세까지의 아이를 낳
은 적이 없는 여자여야 하옵니다. 또한 교접을 할 때 음액이 넘쳐
흐르며 온몸을 비비꼬며 스스로는 억제하지 못하고 땀이 온몸에서
흐르며 남자에 좇아서 행동하옵니다. 이러한 여자를 거느리는 남자
는 비록 법도를 따르지 않더라도 몸을 상하는 일이 없사옵니다."

또 같은 책에 이렇게도 씌어 있다.
"골격이 가늘고 피부가 부드러우면서 얇은데도 살집은 풍부하여
뼈마디가 불거져 있지 않고, 이목(耳目)이 뚜렷하며 하얗고 낮지도
높지도 않으며, 넓적다리가 통통하고 공혈(孔穴)이 위로 붙어 있으
며 온몸이 팽팽하게 탄력이 있고 비단결처럼 부드러우면서 털이 없
는 여자와는 밤새도록 교접을 행해도 남자가 지치지 않으며, 아이
를 낳으면 귀한 아이가 된다."

또 이렇게도 씌어 있다.
"무릇 입상여인(入相女人)은 피부가 부드럽고 골격이 가늘며 마
음씨가 온순하고 머리털이 칠흑처럼 검고 윤기가 흐르며 얼굴이 예
쁘고 목소리가 가늘고 공혈(孔穴)이 위에 붙어 있으며 음부에 털이
없어야 한다. 이런 여자와 교접을 하면 밤새도록 행해도 피로하지
않다. 아무쪼록 이런 여자를 구하여 몸을 이롭게 해야 한다."

〔해설〕 방중술의 파트너로서는 알맞게 살이 찌고 부드러운 여자가 좋을 것
은 말할 필요도 없으리라. 골격이 너무 크거나 살집이 너무 없거나 이목구
비가 너무 유별난 여자는 보기에도 좋지 않은 것이 사실이다. 어디까지나 아
담하고 오동포동하며 귀엽게 생긴 여자가 좋은 것이다.
그런데, 여기에서는 두 가지의 유별난 조건이 제시되어 있다. 그 하나는
백판(白板), 즉 음부나 겨드랑이 밑에 털이 없어야 한다는 조건이다. 여자로

서의 제 2 차 성징(性徵)이 충분히 나타나기 위해서는 성 호르몬의 분비가 왕성해야 하는 것이고, 따라서 음모(陰毛)도 어느 정도 돋아나는 것이 성숙한 여자의 정상적인 상태일 것이다. 따라서 백판(白板)이 왜 좋은지에 대해서는 의문이지만, 체모(體毛)가 억세고 많은 여자는 여자다운 부드러움이 적고 남자처럼 딱딱한 경향이 간혹 있는 것도 사실인 듯하다.

또 한 가지는 공혈(孔穴)이 위로 붙어 있어야 한다는 조건이다. 이것은 중국 사람들의 인종적 특징으로서 그 골반(骨盤) 구조가 특이한 데서 유래하는 것이라고 한다. 앞서 나온 《동현자》의 30가지 체위 가운데에는 우리 나라 사람에게는 맞지 않는 체위도 여럿 있는데, 중국 사람들에게는 얼마든지 가능한 체위라는 것이다. 제12장의 '구법' 중에도 '원박'이나 '구등'과 같은 굴곡위(屈曲位)가 소개되어 있는데, 중국 사람들에게는 이러한 체위가 오히려 더 정상적이라고 한다.

다음에 나오는 제23장은 본장과는 반대로 파트너로서 부적당한 여자를 논하고 있다. 원본에는 그 제목이 '요녀(要女)'라고 되어 있으나 '악녀(惡女)'를 잘못 쓴 것임은 명백하다.

第23章
悪 女

《옥방비결》에 이렇게 씌어 있다.

"악녀(惡女)는 머리가 단정하지 못하고 얼굴이 얽었으며 목이 두 텁고 짧으며 목뼈가 남자처럼 불거져 있고 이빨이 검으며 목소리가 사내 같고 입은 크고 코가 높으며 눈동자가 맑지 못하고 입과 턱 언 저리에 마치 남자의 수염 같은 긴 털이 나 있는 여자이다. 또한 골 격이 크고 머리가 노랗고 살집은 적으며 음모(陰毛)가 뻣뻣한 여자 도 악녀의 표본이다. 이러한 여자와 교접을 하면 남자에게 해롭다."

또 이렇게도 씌어 있다.

"피부가 거친 여자와는 교접하지 말아야 한다. 살집이 없이 바짝 마른 여자와는 교접하지 말아야 한다. 언제나 위에서 하기를 좋아 하는 여자와는 교접하지 말아야 한다. 목소리가 사내 같은 여자와 는 교접하지 말아야 한다. 다리에 털이 난 여자와는 교접하지 말아 야 한다. 질투가 심한 여자와는 교접하지 말아야 한다. 음(陰)이 냉 (冷)한 여자와는 교접하지 말아야 한다. 불순한 쾌감을 즐기는 여 자와는 교접하지 말아야 한다. 밥을 너무 많이 먹는 여자와는 교접 하지 말아야 한다. 나이 40세가 지난 여자와는 교접하지 말아야 한다. 뱃속이 좋지 않은 여자와는 교접하지 말아야 한다. 머리털이 뻣뻣한 여자와는 교접하지 말아야 한다. 몸이 언제나 찬[冷] 여자와는 교접하지 말아야 한다. 뼈대가 억센 여자와는 교접하지 말아야 한다. 곱슬머리나 목뼈가 불거져 있는 여자와는 교접하지 말아야 한다. 겨드랑이에서 냄새가 나는 여자와는 교접하지 말아야 한다. 음수(淫水)가 나오는 여자와는 교접하지 말아야 한다."

《대청경(大淸經)》에는 이렇게 씌어 있다.
"여자가 좋은 여자인지 나쁜 여자인지를 알려면 마땅히 그 음부(陰部)와 겨드랑이 밑의 털을 잘 살펴보아야 한다. 그 털이 부드럽고 윤택이 있어야 하는데 만약 그 털이 뻣뻣하고 윤기가 없으면 남자에게 해로운 여자이다. 다리에 털이 나 있는 여자도 마찬가지이다. 이런 여자와는 단 한 번 교접한다고 해도 100번 교접한 것이나 마찬가지로 해롭다.
또 반여성(半女性)인 자 및 월경이 순조롭지 않고 특히 부정출혈(不正出血)이 있는 여자와 교접하는 것은 특히 해롭다."

〔해설〕 방중술에 있어서 파트너로서 부적당한 여자는 한결같이 여자다움과는 거리가 멀다는 것을 알 수 있다. 이른바 '아담의 사과'라고 하여 남성의 상징이 되어 있는 울대뼈(喉頭軟骨)가 솟아 있는 여자라든가, 남자처럼 정강이에 털이 난 여자, 언제나 여성 상위의 체위를 즐기는 여자 등 남자 같은 여자 또는 중성에 가까운 여자를 경계하고 있는 것이다. 제22장에서 '백판(白板)'을 조건으로 삼은 것도 이에 대한 반작용의 의미도 있을 것이다.
요컨대 여자는 여자답고 건강해야 방중술의 파트너로서도 좋다는 것이다.

다음에 이어지는 제24장은 교접에 관한 여러 가지 금기(禁忌)에 대해서 논하고 있다. 그러나 몇 가지를 제외하고는 미신적인 것이 많이 포함되어 있어, 여기에서는 비교적 합리적이라고 생각되는 것만을 추려 옮겼다.

第24章
禁 忌

《옥방비결》에서 팽조는 이렇게 말했다.

"미약(媚藥)을 옥문(玉門)에 넣고 교접을 하거나 또는 여자가 옥경(玉莖) 모양의 기구를 써서 간음(奸淫)을 하는 경우는 수명을 줄여 빨리 늙고 일찍 죽게 된다."

《양생요집(養生要集)》에는 이렇게 씌어 있다.

"여자의 월경이 아직 끝나지 않았는데 교접을 하면 남자나 여자에게 모두 해롭다. 또 이렇게 하여 아이를 배면 그 아이의 얼굴이나 몸에 손바닥 같은 붉은 반점이 생긴다."

《천금방(千金方)》에는 이렇게 씌어 있다.

"무릇 열병(熱病)을 앓고 난 후 및 몹시 위중한 병을 앓고 난 후 100일이 지나지 않아 교접을 하면 대개 죽음을 면할 수 없다. 이는 기력이 아직 제대로 회복되지 않았기 때문이다. 상한(傷寒)의 병을 얻고 한 10여 일 요양하고는 스스로 다 나았다 생각하고 교접을 행하는 일이 흔히 있는데, 그러면 곧 아랫배가 쑤시고 손발이 구부러져 죽게 된다. 이런 경우를 다스리려면, 여자의 속속곳(팬티)에서

음부에 닿는 부분을 잘라다가 불에 태워 1 회에 한 숟가락(약 3 g)
씩 하루 3 회 복용한다. 여자의 경우는 반대로 남자의 속속곳(팬티)
을 위와 같은 방법으로 하여 다스리도록 한다. 또 교접한 상대방 여
자의 옷을 남자 위에 한동안 덮어 두고 있어도 좋다."

　〔해설〕 여기에서는 요컨대 무절제한 성생활을 경계하고 있는 것이다. 특
히 미약(媚藥)이나 기구를 사용하는 것을 비난하고 있는 것은, 고대 동양의
방중술이 얼마나 건전한 정신에 기초하고 있는가를 말해 주는 사실이 아닐
수 없다.
　맨 마지막에 인용한 《천금방》에서 상대의 팬티를 태워 약으로 쓴다는 것
이 나와 있는데, 이것은 단순히 미신으로만 돌릴 일은 아닐 듯하다. 호르몬
이나 알러지 관계에서 결코 부정할 수만은 없는 점이 있다. 실제로 동양 의
학의 여러 가지 중요한 전적들 가운데에도 이 방법이 기술되어 있다는 것을
밝혀 두는 바이다.

　원문 중에는 이 밖에도 봄철에는 머리를 동쪽으로, 여름에는 남쪽으로, 가
을에는 서쪽으로, 겨울에는 북쪽으로 향하고서 교접을 해야 한다느니, 음력
으로 짝수가 되는 날(2 일, 4 일, 6 일, …등)에는 교접을 해서는 안 된다
느니, 나이가 갑절 많거나 꼭 반이 되는 상대와 교접해서는 안 된다느니, 여
러 이야기들이 나와 있다. 이들은 모두 음양 오행설에 억지로 맞춘 고대의
터부에 속한다 할 것이다.

　다음의 제25장에서는 여자의 '몽교(夢交)'를 다루고 있다. '몽교'라는 것
은 남자의 몽정(夢精)과 같은 것으로서, 잠을 자는 중에 교접하는 꿈을 꾸
고 오르가즘과 마찬가지의 결과에 도달하는 것인데, 남자의 몽정보다 훨씬
나쁜 영향을 끼친다. 에너지의 소모가 그만큼 큰 것이다.

第25章
斷鬼交

《옥방비결》에서 채녀(采女)가 팽조(彭祖)에게 이렇게 물었다.

"귀교(鬼交)라는 병은 어째서 생기게 되는 것이옵니까?"

이에 팽조가 대답했다.

"음양의 교접을 하지 않아 그 정욕이 속으로 깊이 쌓이게 되면 허깨비와 더불어 교접하는 듯한 착각에 빠짐으로써 그 정욕을 발산시키는 것이다. 이렇게 하다 보면 사람과 더불어 교접하는 것보다 여러 가지로 더 편리하고 좋게 생각하게 된다. 그리하여 오래도록 아무에게도 말하지 않고 혼자서 이것을(실은 병에 걸린 것인데도) 즐기다 죽어도 다른 사람은 그 원인을 모른다. 만약 여자가 이러한 병에 걸렸을 때 이를 다스리려면 남자와 교접하게 하는 길밖에 없다. 이 때 남자는 결코 사정(射精)을 하지 말고서 밤낮 쉬지 않고 그 여자와 교접을 해 줘야 한다. 이렇게 하면 심한 경우도 7일 이내에 낫는다. 만약 몸이 피곤하여 교접을 그토록 오래 계속할 수가 없는 경우에는 옥경을 깊이 넣고서 가만히 움직이지 않고 있어도 좋다. 이 병을 다스리지 않으면 몇 년 지나지 않아 죽게 된다. 이런 사실을 시험해 보려면 봄·가을에 깊은 산속에 들어가 아무것도 하지 말고 그저 음양 교접만을 생각해 보고 있으면 된다. 그렇게 사흘 낮

사흘 밤만 보내고 나면 몸이 바짝 여위고 오한(惡寒)이 나며 눈앞
이 어질어질해지면서 남자는 여자의 환상을 보게 되고 여자는 남자
의 환상을 보게 된다. 이런 허깨비와 더불어 교접을 하면 그 맛은
사람과 더불어 교접하는 것에 비할 바가 아니다. 하지만 이는 병에
걸린 것임을 알아야 한다. 또 처녀가 이러한 병에 걸려 남자와 교
접하게 하기가 곤란한 경우에는 유황(硫黃) 약간을 태워 거기서 나
오는 아황산가스에 음부를 쬐고 동시에 녹각 분말을 한 숟가락 (약
3 g) 복용하면 곧 낫는다. 또 녹각(鹿角)만 한 숟가락씩 하루에 3
회 나을 때까지 복용하는 방법도 좋다. "

〔해설〕치료법으로서 제시한 것 중 유황을 태워 그 연기(아황산가스)를 쬐
는 것은 일종의 심리적 효과를 노린 것으로 볼 수 있으나, 녹각은 강장(强
壯)·강정(强精)·해열(解熱)의 효과가 있으므로 섹스 노이로제에는 적당한
약물이라고 할 수 있다.

여기에서는 '귀교'라고 하는 특수한 성적(性的) 증상의 치료법을 다루었
으나, 다음에 이어지는 제26장 이하 제30장까지는 방중술에 있어서의 약물
요법에 관한 것을 다루게 된다.

방중술의 참뜻은 사람으로 하여금 사람을 보(補)하고 사람을 이용하여
사람을 요(療)하는 데 있다. 그것은 앞서 제 1 장에서 '무릇 생(生)을 구하
려면 마땅히 생(生)이 있는 곳을 찾아야 한다'고 한 무자도(巫子都)의 말과
통하는 것이다. 또 그것은 적당한 운동과 맑은 공기를 호흡하는 것이 올바
른 건강법인 것과도 통한다.

그러나 단순히 허약하다는 정도가 아니라 중독한 질병 상태에 있을 때는
약물의 힘을 빌지 않을 수 없다. 숙취(宿醉)를 해장술로 달랜다지만, 몸의
컨디션이 나쁘면 해장술로는 안 되고 약을 먹어야 하는 것과 같은 것이다.
방중술에 있어서의 약물 요법은 어디까지나 보조적인 수단이긴 하지만, 특
히 현대인들로서는 반드시 알아 두지 않으면 안 된다.

第26章
用藥石

《천금방》에서 채녀가 팽조에게 이렇게 물었다.

"교접에 관한 말씀은 잘 들었나이다. 다음에는 어떤 약물을 복용하는 것이 좋을지 감히 여쭙고자 하옵니다."

이에 팽조가 대답했다.

"사람으로 하여금 강건하여 늙지 않게 하고 아무리 교접을 해도 지치지 않게 하며 기력과 안색이 쇠퇴되지 않게 하는 것으로는 미각(麋角 ; 녹용)보다 더 좋은 것이 없다. 미각을 깎아 분말로 10량(약 150 g)을 준비하고 여기에 8각형의 생부자(生附子) 1개(약 20 g)의 분말을 섞어 1회에 1 g씩 하루 3회 복용하면 대단히 좋다. 또 미각을 약간 노르스름해지도록 불에 구워 이것만을 복용해도 사람으로 하여금 늙지 않게 한다. 그러나 이것만으로는 효력이 더디게 나타나므로 부자(附子)를 섞는 것인데, 부자를 섞은 것을 20일 정도만 복용하면 크게 효력이 나타난다. 또 복령(茯苓)을 섞어도 좋은데, 같은 분량의 복령을 빻아 체에 쳐서 1회 1 g씩 하루 3회 복용하면 오래오래 건강하게 살 수 있으며 아무리 교접을 해도 지치는 일이 없게 된다."

〔해설〕 원본에는 이 대목의 주(註)에 '이 처방은 《옥방비결》의 것과 같다'

고 씌어 있다. 송판(宋版) 《천금방》 제20권에는 팽조가 다른 것을 인용하여 대답한 것으로 기록되어 있는데, 아마도 팽조가 인용한 것은 《옥방비결》이 었을 듯하다.

미각(麋角)이란 즉 녹용을 말하는 것으로서 그 분말 150g에 팔각형의 생부자 분말 약 20g을 섞어 1회에 1g씩 복용하도록 되어 있는데, 생부자(生附子)는 독성(毒性)이 강하므로 주의할 필요가 있다. 그래서 같은 분량의 복령(소나무 뿌리에 기생하는 균 덩어리)을 섞어서 쓰는 방법을 제시하고 있는 것이다. 그러나 송판 《천금방》에는 복령을 섞는 것이 아니라, 새알〔雀卵〕로 버무려 환약(丸藥)을 만들어 복용하라고 되어 있다.

또 《천금방》에는 이런 처방도 나와 있다.

"시들어서 일어서지 않고, 일어선다 해도 커지지 않고, 커져도 길어지지 않고, 길어져도 뜨거워지지 않고, 뜨거워져도 단단해지지 않고, 단단해져도 오래 가지 않고, 오래 가도 정액이 안 나오며, 정액이 나온다 해도 묽고 차가운 경우에는,

종용(蓯蓉), 종유(鍾乳), 사상(蛇床), 원지(遠志), 속단(續斷),
서여(薯蕷), 녹용(鹿茸)

의 7 가지 약제를 분말로 하여 각 45g씩 섞어 가지고 1 회에 약 3g씩 하루 3 회 술과 함께 복용하도록 한다. 교접을 자주 하고 싶으면 사상자(蛇床子)를 갑절 늘리고 더욱 단단해지기를 원하면 원지(遠志)를 갑절 늘리고 더욱 커지기를 바라면 녹용을 갑절 늘리며 정액을 더욱 풍부하게 하고 싶으면 종유석(鍾乳石)을 갑절 늘리도록 한다."

〔해설〕 이 처방은 제10장 '사지(四至)'의 치료약에 해당한다. 즉 페니스가 구실을 제대로 못하는 경우에 이 처방을 29일 동안 복용하면 제 구실을 원만히 해낼 수 있다고 한다.

종용(蓯蓉)은 그 생김새가 마치 남자의 페니스와 같아서 주요 산지인 몽

고 지방에서는 외로운 여자들이 이것을 사용하여 그 외로움을 달랬다고 한다. 종유(鍾乳)는 칼슘 성분의 결정체로서 강장 효과가 있는 암석이며, 사상자(蛇床子) 역시 강장제로 많이 쓰이는 미나리과의 식물이다.

원지(遠志)는 발기 신경을 포함한 부교감 신경을 콘트롤하는 부신피질 호르몬과 비슷한 화학 구조를 가진 사포닌 성분을 함유하고 있는 강장 약물이다.

《옥방비결》에는 이런 처방이 나와 있다.

"남자가 양기 부족으로 잘 일어서지 않고 설혹 일어선다 해도 강해지지 않아 교접에 임하여 한심스러운 경우에는,

종용(苁蓉), 오미(五味) 각 1.5g

사상자(蛇床子), 토사자(兎絲子), 지실(枳実) 각 3g

의 5가지 약제를 가는 분말로 하여 술과 함께 하루 3회 복용하기를 계속한다. 이 처방을 계속 복용한 여경대(呂敬大)란 사람은 나이 70이 넘어서도 아들을 보았다.

또, 아직 교미를 하지 않은 누에나방의 수컷 말린 것과 세신(細辛), 사상자(蛇床子)를 각각 가는 분말로 하여 1g 남짓씩 섞어서 새알[雀卵]에 반죽해 가지고 교접하기 전에 복용하면 매우 강성해진다. 만약 너무 강성해져서 수그러지지 않거든 물로 씻도록 한다."

〔해설〕 여경대라는 사람이 나이 70이 넘어서 아들을 보았다는 처방은 1회 약 4g씩 식사 전에 하루에 3회 술과 함께 복용하도록 되어 있다. 이와 비슷한 처방이 《천금방》에는 많이 수록되어 있는데, 이 책이 유독 이 처방만을 인용한 것은 여경대라는 사람의 실례(實例)가 있기 때문일 것이다. 여경대는 촉군(지금의 四川省)의 태수였다.

또 누에나방을 이용한 처방으로 《천금방》에는 이런 것이 있다. 즉, 아직 교미를 하지 않은 누에나방 수컷을 한 되(升)쯤 그늘에 말려서 다리와 머리와 날개 및 터럭을 제거하고 분말로 하여 꿀로 버무려 가지고 오동나무 열

매 크기의 환약을 만들어 침실에 들어갈 때 한 알을 복용한다. 하룻밤에 열 번이라도 교접할 수 있는데, 너무 강성해져 수그러지지 않을 때는 창포주 (菖蒲酒 ; 석창포 뿌리로 담근 술)를 마셔야 한다. 그런데 누에나방은 고치에서 나오자마자 교미를 하므로 그것을 채집하려면 시기를 잘 포착해야 한다. 그리고 누에도 집에서 기르는 것보다는 산에서 자생하는 산누에가 좋다고 한다.

《옥방지요》에는 이런 처방이 나와 있다.

"남자가 하룻밤에 10여 번을 계속하고자 하는 경우에는,

사상(蛇床), 원지(遠志), 속단(續斷), 종용(蓯蓉)

의 4 가지를 같은 분량으로 분말로 하여 1회 한 숟가락(약 3 g) 씩 하루 3회 복용한다. 조공(曹公)이라는 사람은 이를 계속 복용하고서 하룻밤에 70명의 여자를 다루었다."

〔해설〕 이 처방은 앞서 7 가지 약물로 구성된 《천금방》 처방의 원방(原方)인 듯하다. 여기서는 조공이라는 사람의 실례를 들어 그 효과를 강조하고 있다.

한방약은 특별한 경우를 제외하고는 식전 공복에 따뜻하게 해서 복용하는 것이 원칙이므로, 하루 3회 복용이라고 하면 매식전 30분~1시간 사이에 복용하는 것이라고 생각하면 된다.

또 《동현자》에는 이런 처방이 나와 있다.

"독계산(禿鷄散)이란 것이 있는데, 이는 남자의 오로칠상(五勞七傷)으로 옥경이 일어서지 않아 교접을 할 수 없는 경우를 다스리는 처방이다. 전에 여경대(呂敬大)라는 사람이 이 처방의 약을 계속 복용하여 나이 70이 되어서도 아들을 셋이나 얻었는데, 그러고도 계속 이 약을 복용하매 그 부인이 이기지 못하여 시름시름 앓고 마침내는 옥문(玉門) 안이 아파서 앉지도 서지도 못하게 되었다. 이에 여

경대가 이 약을 마당에 버리니 수탉이 이를 쪼아먹고는 금세 암탉 위에 올라가서 며칠 동안이나 내려올 생각도 없이 그 볏을 쪼아 대어 마침내 암탉의 볏이 다 벗겨지고 말았다. 그래서 세상에서는 이 약을 일러 독계산 또는 독계환(禿鷄丸)이라 부르게 되었다. 그 처방은,

　　육종용(肉蓯蓉), 오미자(五味子), 토사자(兔絲子), 원지(遠志)

　　각 3分, 사상자(蛇床子) 4分

의 5가지를 가늘게 빻아 체에 쳐서 매일 식전(食前) 공복에 술과 함께 한 숟가락(약 3g)씩 하루 2,3회 복용한다. 이렇게 60일 정도 계속 복용하면 40명의 여자를 한꺼번에 다룰 수 있다. 다만 교접할 상대가 없을 때는 이 약을 복용하지 말아야 한다."

　〔해설〕 원문에는 다음과 같은 주(註)가 붙어 있다. 즉, 《천금방》에는 이 처방의 구성이 사상자·육종용 각 3分, 토사자·원지·방풍(防風)·파극천(巴戟天) 각 2分, 두충(杜仲) 1分으로 되어 있다는 것이다. 그러나 송판(宋版)《천금방》에는 이상 8가지 약물의 분량을 똑같게 하고 있다. 그리고 주의 사항으로서 상복(常服)하지 말 것과 배우자가 없는 경우는 절대로 이 약을 복용하지 말라고 되어 있다. 《천금방》의 처방 내용이나 위 본문의 처방 내용이나 대동소이한 것이지만, 본문에서는 실례를 들어 그 신뢰성을 높이고 있다. 약물의 분량을 나타내는 단위인 1푼(分)은 약 0.38g이다.

　또 이런 처방도 나와 있다.

　"남자의 오로칠상(五勞七傷)으로 옥경이 일어서지 않는 음위(陰痿)나 채 옥문(玉門)에 들어가기도 전에 사정해 버리고 마는 극심한 조루(早漏)이면서 소변이 시원하게 나오지 않아 여력(餘瀝)이 있으며 등허리가 시리고 아픈 경우에 녹각산(鹿角散)으로 다스리는데, 그 처방은

녹각(鹿角), 백자인(柏子仁), 토사자(兎絲子), 사상자(蛇床子),
차전자(車前子), 원지(遠志), 오미자(五味子), 종용(蓯蓉)
의 8가지를 같은 분량으로 가늘게 분말로 하여 매일 3회 식후에
반 숟가락씩 복용한다. 효과가 없을 경우에는 한 숟가락(약 3g)으
로 늘려서 복용한다."

〔해설〕 오로칠상(五勞七傷)이란 요컨대 건강이 좋지 않다는 것을 의미한
다.《황제내경·소문》에 보면, 눈을 혹사한즉[久視] 혈(血)을 상하고, 오
래 누워만 있으면[久臥] 기(氣)를 상하며, 오래 앉아 있으면[久坐] 육(肉)
을 상하고, 오래 서 있으면[久立] 골(骨)을 상하며, 오래 걸으면[久行] 근
(筋)을 상한다고 되어 있다.
 또 여력(餘瀝)이란 소변을 보고 나서 한참 털어 내지 않고서는 바짓가랑
이를 적시게 되는 상태를 말하는 것이다.
 본문 중에는 식후(食後)에 복용하도록 되어 있으나 식전(食前)에 복용하
는 것이 옳다.

《범왕방(范汪方)》에는 또 이런 처방이 나와 있다.
 "개심서여신기환(開心薯蕷腎気丸)은 남자의 오로칠상(五勞七傷)
으로 추위를 견디지 못하고 소화 기능이 나쁘며 가을·겨울에는 두
다리가 시리고 건망증이 심하며 마치 노인과 같이 양기(陽氣)가 발
동하지 않는 경우를 다스린다. 그 처방은,
 육종용(肉蓯蓉) 1両, 산수유(山茱萸) 1両(어떤 처방에는 이것
이 안 들어 있다), 건지황(乾地黃)·원지(遠志)·오미자(五味子)·
방풍(防風)·복령(茯苓)·우슬(牛膝)·토사자(兎絲子)·두충(杜
仲)·서여(薯蕷) 각 6分, 사상자(蛇床子) 5分
의 12가지를 곱게 빻아 체에 쳐서 꿀로 팥알 만한 환약을 만든다.
이것을 29환(丸)씩 낮에 2회 밤에 1회 복용한다. 이를 복용하고
서 만약 가슴이 답답해지는 느낌이 들면 복용량을 1/3로 줄인다. 이

약을 5일 정도 복용하면 옥경이 뜨거워지고 10일 정도 복용하면 얼굴에 윤기가 돌고 손발이 항상 뜨거워지며, 20일 정도 복용하면 힘이 솟고, 25일 정도 복용하면 경맥(經脉)이 충만해지며, 30일 정도 복용하면 얼굴이 꽃처럼 피어나고 총기가 있으며 혼자 자도 추운 줄을 모르게 된다. 나이 40 미만이면 이 약을 한 제(劑) 복용하면 충분하고 50이 넘은 사람은 두 제를 복용하도록 한다. 70이 된 노인이라도 아들을 낳을 수 있는 약이다. 이 약을 복용할 때는 너무 매운 것이나 신 것만 피하면 되고 다른 금기(禁忌)는 없다. "

〔해설〕 약간 과대 광고라는 생각도 들지만 이와 비슷한 처방은 《천금방》 제19권에도 나와 있다. 낮에 두 번 밤에 한 번 복용한다는 것은 매식전 3회 복용한다는 것과 같은 말이다.

또 한 량(兩)은 약 38 g에 해당한다. 즉, 한 량은 100푼(分)인 것이다.

또 이런 처방도 나와 있다.

"육종용환(肉蓯蓉丸)은 남자의 오로칠상(五勞七傷)으로 옥경이 일어서지 않은 지 오래 되고 또 그곳이 축축하니 가렵고 소변도 시원스럽게 보지 못하며 소변의 빛깔이 때로는 붉고 때로는 노란 것을 다스린다. 또한 교접하려 해도 일어서지 않고, 일어선다 해도 단단해지지 않으며, 단단해져도 성내지 않고, 성내어도 들어가자마자 시들어 버리는 경우에도 이 약을 쓴다. 사람으로 하여금 정력을 북돋우고 얼굴빛을 좋게 하는 처방이라 하겠다. 그 처방은

　육종용(肉蓯蓉), 토사자(兔絲子), 사상자(蛇床子), 오미자(五味子), 원지(遠志), 속단(續斷), 두충(杜仲) 각 4分

의 7가지를 잘게 빻아 체에 쳐 가지고 꿀에 버무려 오동나무 열매만한 크기의 환약을 만든다. 이것을 아침에 5환씩 복용하되 효험이 없는 경우는 7환으로 증량한다. 이를 30일간 복용하면 약의 효

험이 나타나고 50일간 복용하게 되면 크게 정력이 강해진다. 그러
나 교접의 횟수가 문제인 경우는 이 처방에 사상자를 가(加)하고 옥
경이 성내지 않는 데에는 원지를 가하고 정액이 적은 경우에는 오
미자를 가한다. 옥경이 장대(長大)해 지기를 바라면 종용(蓯蓉)을
가하고 허리가 아플 때에는 두충(杜仲)을 가하며 오래 교접하기를
원하는 경우에는 속단(續斷)을 가한다. 위와 같이 가(加)하는 경우
는 그 분량을 갑절로 한다. 그러나 이 처방도 교접할 상대가 없는
경우에는 복용해서는 안 된다.

또 원지환(遠志丸)은 남자의 칠상(七傷)으로 옥경이 일어서지 않
는 경우를 다스리는바 그 처방은

　속단(續斷) 4 両, 육종용(肉蓯蓉) 3 両, 서여(薯蕷)·원지(遠志)
　·사상자(蛇床子) 각 2 両

의 5 가지를 빻아 체에 쳐서 새알[雀卵]로 버무려 콩알 만한 환약
을 만든다. 이것을 아침에 5 환(丸)씩 복용하는데 100일간 복용하
면 옥경이 눈에 띄게 장대(長大)해진다. ”

　〔해설〕육종용환이나 원지환이나 모두 남자의 오로칠상 및 임포텐스를 다
스리는 처방으로서 그 내용도 비슷하다. 그러나 육종용환은 페니스가 홍대
(洪大)해지기를 원할 때 주로 쓰는 처방이고 원지환은 힘있게 일어서지 않
는 경우를 주로 다스리는 처방이라 하겠다.

　《녹험방(錄驗方)》에는 이런 구절이 있다.
　“신첩(臣妾)은 재배하고 글월을 황제(皇帝) 폐하께 올리나이다.
신첩(臣妾)은 지금껏 좋은 일은 폐하께 숨김 없이 아뢰어야 한다고
들어 왔사옵니다. 그리하여 감히 죽을 죄를 지고도 아뢰나이다. 신
첩의 지아비 화부(華浮)는 나이 80에 이르러 양기가 쇠약해졌을 때
아는 사람으로부터 한 가지 처방을 얻었사온데, 그 처방은

생지황(生地黃)— 씻어서 잘게 썰어 청주 한 되에 담갔다가 술에
절어지거든 꺼내 가루가 될 정도로 1000번 찧어서 씀. 10分, 계피
(桂皮)·백출(白朮) 각 2 分, 자감초(炙甘草)·건칠(乾漆) 각 5 分
의 5 가지를 빻아 체에 쳐서 1 회에 한 숟가락씩 하루에 3 회 식후
(食後)에 술과 함께 복용하도록 되어 있사옵니다. 그런데 신첩의 지
아비는 이 약을 만들어 놓고 먹지도 못하고 그만 세상을 떠나고 말
았사옵니다. 지아비가 전부터 부리던 하인으로서 익다(益多)라는 75
세 된 노인이 있었는데, 나이가 나이인지라 허리가 휘고 백발이 성
성하며 골골하고 있었사옵니다. 신첩이 이를 불쌍히 여겨 그 약을
주었사옵니다. 익다가 그 약을 20일간 복용하매 허리가 펴지고 백
발이 다시 검어졌으며 안색이 환해져 마치 30대 사나이의 모습과 같
아졌사옵니다. 신첩에게는 번식(番息)과 근선(謹善)이라는 두 사람
의 하녀가 있었는데 익다는 이들을 모두 아내로 맞아 아이를 넷이
나 낳았사옵니다. 어느 날 익다가 술에 취하여 돌아와 신첩의 옆에
서 자던 근선을 끌어안고 교접을 하는 것이었사옵니다. 신첩이 인
기척을 느끼고 잠에서 깨어 엿들은즉 익다의 기력이 참으로 왕성하
였으며 또한 다른 사내들과는 어딘지 다른 점이 있는 것처럼 느껴
졌사옵니다. 신첩의 나이 50이었사오나 정욕(情慾)이 왕성하여 남
몰래 고민하고 있던 참에 스스로 여자의 정욕을 끊을 수 없어 익다
와 관계하여 아이를 둘 낳았사옵니다. 익다는 신첩과 번식, 근선 등
세 사람과 더불어 음양 교접을 행했으나 정력이 샘솟는 듯 그칠 줄
을 몰랐사옵니다. 그러던 중에 신첩은 하인과 더불어 정을 통했다
는 것이 수치스럽게 생각되어 어느 날 익다를 죽여 버리고 말았사
옵니다. 그런데 그 정강이를 꺾어 속을 살펴본즉 노란 골수(骨髓)
가 가득 차 있었사옵니다. 이에 신첩은 그 약이 효험이 있다는 것
을 알았사옵니다. 폐하께서 이 약[膏]을 사용하시면 역시 골수가 가
득 차게 되실 것이옵니다. 신첩은 죽을 죄를 짓고서도 감히 아뢰는

까닭이 여기에 있사옵니다."

〔해설〕 출전인 《녹험방》은 견권(甄權)이 편찬한 《고금녹험방(古今錄驗方)》
전50권을 말하는데, 견권은 103세까지 산 당시의 이름난 의사였다. 수나라
양제(煬帝)가 세상에 숨겨져 있는 좋은 처방이 있으면 모두 신고하라고 했
을 때 들어온 내용을 그대로 인용한 것이 이 글인데, 인체 해부학적인 내용
까지 포함되어 있는 귀중한 자료이다.

처방 내용 가운데 지황(地黃)은 원래 분말로 하기가 어려운 약물이다. 다
른 약물과 섞는다고 해도 체에 칠 때 빠져나올 수가 없다. 따라서 맨 마지막
에 말한 것처럼 고(膏)로 하여 사용하는 것이 타당하다.

이 처방보다 더 많은 약물로 구성되어 있는 비슷한 처방이 《천금방》에도
있으나, 이 책에서는 짐짓 《녹험방》의 이 처방을 인용하고 있는 것은 아마
도 그 쇼킹한 내력(來歷) 때문일 것이다.

《극요방(極要方)》에는 또 이런 처방이 나와 있다.
"남자로 하여금 정력을 강하게 하는 처방은 이러하다.
사상자(蛇床子)・토사자(兎絲子)・파극천피(巴戟天皮)・육종용(肉
蓯蓉) 각 2分, 원지(遠志;심을 제거함)・오미자(五味子)・방풍(防
風) 각 1分
의 7가지를 분말로 하여 술과 함께 약 5分 정도씩 복용한다. 이를
20일간 복용하면 정력이 용솟음칠 것이다."

또 《갈씨방(葛氏方)》에는 이런 처방이 나와 있다.
"남자의 정력이 약해 옥경이 일어서지 않고[陰痿] 여자의 음(陰)
이 닫혀 사람으로서의 구실을 제대로 행하지 못하는(교접을 행하지
못하는) 경우에는
육종용(肉蓯蓉)・사상자(蛇床子)・원지(遠志)・속단(續斷)・토사
자(兎絲子) 각 1兩

의 5 가지를 찧어서 분말로 하여 하루에 3 회 술과 함께 한 숟가락
(약 3 g)씩 복용한다.
　또 평상시에는 강해도 막상 교접에 임하면 약해지는 경우에는
　사상자(蛇床子)·토사자(兎絲子)
의 2 가지를 분말로 하여 술과 함께 한 숟가락(약 3 g)씩 하루에 3
회 복용한다."

《기파방(耆婆方)》에는 이런 처방이 나와 있다.
　"정력이 약하여 옥경이 일어서지 않는[陰痿] 경우에는
　구기(枸杞)·창포(菖蒲)·토사자(兎絲子) 각 1 分
의 3 가지를 빻아 체에 쳐서 하루에 3 회 한 숟가락(약 3 g)씩 복용
하면 쇠로 만든 절굿공이처럼 옥경이 단단하고 강해진다.
　또 이른 아침 공복(空腹)에 따뜻하게 데운 술에 치즈를 넣어 마
시거나, 사상자(蛇床子) 분말 1 가지만을 술과 함께 복용하는 것도
좋다."

　소경(蘇敬)이 《신수본초(新修本草)》에 단 주석(註釈)에는 이런 처
방이 나와 있다.
　"음위(陰痿)에는 서여(薯蕷)를 햇볕에 말려 빻아서 체에 쳐 분말
로 하여 복용한다."

　〔해설〕 모두 비슷한 처방들인데, 《기파방》의 기파(耆婆)는 석가모니가 이
세상에 현신하고 있을 때 인도의 명의(名醫)였다. 따라서 《기파방》의 세 가
지 처방은 인도에서 전래된 처방인지도 모른다. 치즈를 사용하고 있는 것도
주목할 만한 사실이다. 서양 사람들이 스테미너가 강한 것은 이 《기파방》을
배워서 치즈를 안주로 위스키를 마시기 때문인지도 혹은 모른다.
　또 서여(薯蕷)는 흔히 산약(山藥)이라고 하는 것으로서 '마'의 뿌리를 말
한다.

또 신라(新羅)의 유관법사(流観法師)가 지은 《비밀요술방(秘密要術方)》에는 이런 구절이 있다.

"당(唐)나라 창주 땅 경성현 법림사(法林寺)의 혜충(惠忠)법사가 지은 《법장험기(法藏驗記)》에 이렇게 씌어 있다. 즉, 석가모니께서 중생을 이롭게 하기 위해 이 처방을 마련하였으나, 중생들은 이를 알지 못했다. 용수(龍樹) 보살 등이 석가모니의 가르침을 연구하던 어느 날 이러한 처방이 있음을 비로소 깨닫고 이를 제자들에게 가르쳐 주었으나 제자들은 이 처방을 부끄럽게 여겨 후세에 전하지 않았기 때문에 세상에 알려지지 않게 되었다.

이왕(利王)이 서천축국(西天竺国)의 왕으로 있을 때 아소(阿蘇)라는 사람이 바람을 타고 날아와 12대원3 수비밀요술방(十二大願三秀秘密要術方)을 바쳤다. 그것은 약사여래(薬師如来)의 가르침이었다. 이왕은 이 비방(秘方)을 즐겨 사용하여 효험을 얻었다. 한편 이왕은 좋은 운수를 만나 밖으로 16대국의 왕으로 책봉되어 100만의 후궁(後宮)을 거느리게 되었는바, 이들은 모두 이왕의 사랑을 한 번 받으면 진심으로 기뻐하여 다른 사내를 그리워하지 않았다. 이왕의 높은 덕(徳)과 넓은 도량은 모두 이 비방에서 비롯된 것이다."

〔해설〕신라 시대의 확실한 의서(醫書)를 인용하고 있는데, 이것은 우리나라 의학사(醫學史)에 있어서 매우 귀중한 문헌이 아닐 수 없다. 《의심방》에는 이 방내편(房內篇)뿐만이 아니라 제2권 및 제10권에도 신라 법사의 방(新羅法師方)이 수록되어 있다.

위의 본문은 그 내용으로 볼 때 머리말에 해당하는 것으로 생각되며, 그 뒤에 이어지는 내용은 아마도 단미(單味)의 기방집(奇方集)이 아닐까 추측된다.

이러한 서문에 이어서 유관 법사의 《비밀요술방》에는 이렇게 씌어 있다.

"8월 중순에 말벌의 집[露蜂房]을 따다가 다듬잇돌 같은 것으로 눌러 하룻밤을 지낸 다음 이를 비단 주머니에 넣어 장대 끝에 매달아 100일 동안 그늘에서 말리면 묘약(妙藥)이 된다. 이것을 동전 만한 크기로 잘라서 6조각을 깨끗한 질그릇에 넣고 불 위에 얹어 놓으면 검게 탔다가 나중에는 흰 재가 된다. 교접을 하려 할 때 그 절반을 따뜻한 술과 함께 복용하고 그 절반은 손바닥에 얹어 침으로 개어서 옥경 전체에 바른다. 바르면 금세 마르는데 마른 후에 교접을 하도록 한다. 이것을 40일 동안 복용하면 점차 효험이 나타나고 100일 동안 복용하면 기력이 샘솟듯하며 건강하게 오래 살 수 있게 된다. 뿐만 아니라 무엇이든 바라는 것을 다 얻을 수 있고 모든 재앙을 피할 수 있게 되며 한여름에도 더운 줄을 모르고 한겨울에도 추운 줄을 모르게 된다. 옥경이 장대해지며 단단해지기는 쇠망치와 같게 된다. 이 처방을 사용하면 남자와 여자가 모두 정신이 맑아지고 귀와 눈이 밝아지며 입에서도 향기가 난다. 만약 옥경이 강해지기를 바라면 따뜻한 술과 함께 계속 이 처방을 복용하고 장대(長大)해지기를 바라면 이 처방을 옥경의 끝에 바르도록 하며 굵어지기를 바라면 옥경 둘레에 바르도록 한다. 이 처방을 쓸 때는 생채(生菜)와 자극성 음식을 피하고 과도한 육체 노동이나 정신적인 쇼크 또는 감격을 피하며 술에 취하지 않도록 해야 한다."

〔해설〕간단한 단미(單味)의 처방인데, 《천금방》제20권에는 이런 구절이 있다. "노봉방을 태운 재를 침실에 들기 전에 음부(陰部)에 바르면 음위(陰痿)를 고칠 수 있다. 그러나 부인이 없을 때는 이것을 바르지 말라." 이를 보면 노봉방이 최음(催淫)의 효과를 가지고 있는 모양이다.

지금까지 정력을 강하게 하는 처방을 소개하였으나, 남자의 성욕을 억제하는 처방도 알아 두어야 할 것이다.

《갈씨방(葛氏方)》에는 이런 처방이 나와 있다.

"수은(水銀), 녹용(鹿茸), 파두(巴豆)를 함께 빻아 분말로 하여 미강유(米糠油—쌀겨에서 짠 기름)로 개어 옥경과 음낭에 바르고 붕대로 싸매 두면 옥경이 일어서지 않게 된다. 또 삼음교(三陰交)에 뜸을 떠도 남자의 성욕이 감퇴된다."

〔해설〕《의심방》의 편자는 참으로 자세한 데까지 신경을 쓰고 있다. 너무 정력이 좋은 것도 경우에 따라서는 곤란한 경우가 있을 것이 아닌가!

그러나 그 처방 내용에는 이해할 수 없는 점이 있다. 파두(巴豆)에는 크로톤유(油)가 함유되어 있어 이것을 바르면 빨갛게 부어오르고 아프게 되는 것이다. 하지만 삼음교(三陰交)에 뜸을 뜨는 방법은 분명히 효과가 있을 것이다. 침술에서는 여자의 배란일(排卵日) 전후에 이 삼음교에 피내침(皮內鍼)을 넣어 두면 피임의 효과를 얻을 수 있다고 한다. 삼음교라는 경혈은 안쪽 복숭아뼈 위로 약 6 cm쯤 되는 곳의 움푹 들어간 곳에 해당한다.

《의심방·방내편》의 강장 처방은 여기서 끝난다. 그러나 이 책에서는 그 밖의 유명한 강장 처방을 부록으로 덧붙이기로 한다. 그러나 그에 앞서 페니스가 작은 것을 크게 하는 처방을 다룬 제27장과 바기나가 너무 큰 것을 고치는 방법을 다룬 제28장, 그리고 성교로 인하여 손상된 바기나를 치료하는 방법을 다룬 제29장 및 여자가 너무 성교를 많이 해 아픈 경우를 다룬 제30장을 마저 살펴보기로 하자.

第27章
玉莖小

《옥방지요》에 이렇게 씌어 있다.

"남자의 옥경을 장대(長大)하게 하려면

백자인(柏子仁) 5分, 백렴(白斂) 4分, 백출(白朮) 7分, 계피
(桂皮) 3分, 부자(附子) 1分

의 5가지를 분말로 하여 하루에 2회 식후에 한 숟가락(약 3g)씩
10일간 20회 복용하면 된다."

《옥방비결》에는 이렇게 씌어 있다.

"촉초(蜀椒), 세신(細辛), 육종용(肉蓯蓉)의 3가지를 같은 분량
으로 빻아 체에 쳐서 개 쓸개에 넣어 처마 끝에 30일 동안 매달아
두었다가 이를 옥경에 문지르면 옥경이 장대해진다."

《동현자》에는 또 이렇게 씌어 있다.

"옥경을 장대(長大)하게 하려면 육종용(肉蓯蓉) 3分, 해조(海藻)
2分을 찧어 체에 쳐서 분말로 하여 음력 정월(正月)달에 흰개의
간즙(肝汁)으로 버무려 옥경에 3차례 바르고 새벽에 길어 온 물로
씻으면 된다."

〔해설〕위의 세 가지 처방으로 본장(本章)은 성립되어 있지만, 그 처방 구성으로 볼 때 효과는 의심스럽다. 더구나 '정월달의 흰 개'니 '새벽에 길어온 물'이니 하는 데 이르러서는 심리적 효과를 노렸다고밖에는 볼 수 없다.

자신의 페니스가 남의 것보다 단소(短小)하다는 콤플렉스는 대부분의 남자들이 가지고 있는 모양이지만, 그것은 모두 심리적인 문제에 불과하다고 한다. 여기서 새삼스럽게 여러 가지 이론(理論)을 들출 생각은 없고, 다만 그런 생각일랑 그만 떨쳐 버리라고 권하고 싶다. 페니스의 사이즈에 관한 문제는 사람의 키[身長]에 관한 문제와 유사한 점이 있다. 이 만기(李萬基) 장사처럼 떡 벌어진 큰 체격이었으면 좋겠지만 손 상주(孫相柱) 장사처럼 작다고 해서 안 될 일은 하나도 없는 것과 같은 것이다.

第28章
玉門大

《옥방지요》에 이렇게 씌어 있다.

"여자의 옥문(玉門)을 작게 하려면 유황(硫黃) 4分, 원지(遠志) 2分을 분말로 하여 비단 주머니로 싸서 옥문 안에 넣어 두면 된다.

또는 유황(硫黃)과 포화(蒲華)를 각 2 分씩 분말로 하여 물 한 되로 끓여 옥문을 씻으면 좋은데, 이렇게 20일 동안 계속하면 처녀처럼 작고 죄는 힘이 좋은 옥문(玉門)을 유지할 수 있다."

《동현자》에는 이렇게 씌어 있다.

"여자의 옥문이 차고[冷] 늘어져 있는 것을 작고 덥게 만들어 교접함에 있어서 더욱 쾌감을 높이려면

석유황(石流黃) · 청목향(青木香) · 산수유(山茱萸) · 사상자(蛇床子) 각 2 分

의 4가지를 빻아 체에 쳐서 분말로 하여 교접할 때 옥문 안에 조금 넣는다. 너무 많이 넣으면 구멍이 막힐 염려가 있으므로 주의해야 한다.

또는 석류황(石流黃) 분말을 작은 찻숟가락 반쯤을 한 되 분량의

물에 끓여 옥문을 씻으면 12,3세의 처녀와 같은 옥문을 유지할 수
있다. ”

《녹험방(録験方)》에는 이렇게 씌어 있다.
“청목향(青木香) 2分, 산수유(山茱萸) 4分을 분말로 하여 침으로
개어 가지고 팥알 만한 환약을 만들어 옥문 안에 넣으면 여자의 옥
문이 작고 따뜻하며 욱죄는 맛이 좋아진다. ”

〔해설〕 본장의 제목은 ‘玉門大’로서 바기나의 사이즈를 논하고 있는 듯하
지만, 실은 사이즈가 문제가 아니라 신축성이 문제인 것이다. 페니스에서도
그 사이즈가 문제가 아니고 발기력(勃起力)이 문제인 것과 마찬가지이다. 언
제나 늘어져 있는 바기나라면 언제나 흐물흐물한 페니스처럼 쓸모가 없다.
그러나 여자의 경우 이 문제는 요가나 미용 체조 등으로 얼마든지 교정이 가
능한 것은 여간 다행이 아니다. 다만 이른바 ‘예쁜이 수술’이라고 하여 경
산부(經產婦)의 바기나를 꿰매는 수술이 성행하고 있는 것은 재고(再考)해
야 할 문제이다. 다시 강조하거니와 사이즈가 아니라 신축성(伸縮性)이 문
제인 것이다.

第29章
少女痛

《집험방(集驗方)》에는 이렇게 씌어 있다.

"어린 소녀가 처음으로 교접하여 옥문이 상(傷)해 피가 흐르는 경우에는 머리카락과 베(布)를 태워 그 재를 바르면 곧 낫는다."

〔해설〕 원문에는 이 밖에도 몇 가지 처방이 더 있으나, 외상(外傷)을 다스리는 매약(賣藥)이 많이 시판되고 있는 오늘날에는 전혀 불필요한 것들이라 생략한다.

第30章
長婦傷

《옥방비결》에 이렇게 씌어 있다.

"여자가 너무 교접을 많이 하여 음부가 부어 오르고 아픈 경우에 상근백피(桑根白皮) 잘라서 반 되, 건강(乾姜) 1兩, 계피(桂皮) 1兩, 대추 20개를 술 한 말로 달여 세 번 끓여 가지고 한 되를 마신다. 바람을 쐬어서는 안 된다. 물에 달여도 좋다."

또 《집험방》에는 이렇게 씌어 있다.

"여자가 대장부에게 시달려 사지가 나른하고 숨이 차며 머리가 아픈 경우에는 생지황(生地黃) 8兩, 작약(芍藥) 5兩, 향시(香豉) 한 되, 총백(葱白) 한 되, 생강(生姜) 4兩, 자감초(炙甘草) 2兩을 각각 여러 조각으로 토막내어 일곱 되의 물에 석 되가 될 때까지 달여 한 되씩 세 번 마신다."

또 《천금방》에는 이렇게 씌어 있다.

"음양 교접을 한 후 옥문이 참을 수 없이 아픈 경우에는 황련(黃連) 6分, 우슬(牛膝) 4分, 감초(甘草) 4分을 넉 되의 물로 두 되가 될 때까지 달여 옥문을 하루에 4회 씻도록 한다."

〔해설〕이상으로《의심방·방내편》은 모두 끝난다. 이어서 고금의 유명한 강장 처방을 다수 덧붙이고자 하지만, 그에 앞서 독자 여러분들께 한 가지 다짐해 두고 싶은 것이 있다.

1950년대의 일본에서 이 책의 처방을 그대로 이용한 제약 회사들이 다수 등장했는데, 그 대부분이 얼마 가지 않아서 문을 닫았다고 한다. 물론 이 책의 처방이 엉터리여서는 아니다. 본래 동양 의학은 증(證)이라는 개념을 이해하지 않고는 약을 쓸 수 없도록 되어 있다. 최고로 좋은 약이라고 하는 녹용마저도 사람에 따라 또는 경우에 따라 그 효력이 한결같지 않은 것은 바로 증(證)이 다르기 때문인 것이다. 따라서 이 책의 모든 처방은 고명한 한의사의 진단을 받고 응용해 주기를 부탁하는 바이다. 아무쪼록 좋은 결과를 기대하면서…….

【부록】宮中秘傳春方妙訣(抄)

1. 眞人保命丹(진인보명단)
〈효능〉百婦를 능히 상대할 수 있는 保腎延年의 仙藥이다.
〈구성〉酸棗仁, 人蔘, 白茯苓, 天門冬(酒浸新瓦焙乾) 각3錢
〈용법〉분말로 하여 따뜻한 술과 함께 1회에 3錢씩 복용한다.

2. 千金不易方(천금불역방)
〈효능〉玉莖을 堅硬하게 하는 妙藥이다.
〈구성〉柏子仁 5分, 附子·鹿茸 각3錢
〈용법〉분말로 하여 따뜻한 술과 함께 하루 세 번 1회 5分씩 복용한다. 여름철에는 꿀로 丸을 만들어 복용한다.

3. 壯陽益腎丹(장양익신단)
〈효능〉長服하면 玉莖이 長大해지고 腎氣가 충실해져 百戰不敗한다.
〈구성〉沈香·乳香·木香·沒藥·兎絲子 각5分, 大回香 1錢, 破古紙(酒浸) 5兩, 核桃(去殼) 40個
〈용법〉꿀에 버무려 梧子大의 丸藥으로 39丸씩 따뜻한 술과 함께 空腹에 복용한다.

4. 興陽保腎丹(홍양보신단)
〈효능〉이 약을 早夕으로 常服하면 陽氣가 크게 興旺하여 久戰에도 不衰한다.
〈구성〉桂心·附子 각3錢, 柏子仁 5錢, 鹿茸 4錢
〈용법〉분말로 하여 3錢씩 따뜻한 술과 함께 복용한다. 여름철에는 꿀로 丸을 만들어 복용한다.

5. 至妙固本丹(지묘고본단)

〈효능〉 十婦를 상대해도 不泄한다. 만약 射精하고 싶으면 葱茶 한 잔을 마신다.

〈구성〉 龍骨 1兩, 柯子(去皮) 5個, 砂仁·朱砂 각 5錢

〈용법〉 분말로 하여 밥풀로 녹두만한 丸을 만들어 1丸씩 술과 함께 복용한다.

6. 壯陽延壽丹(장양연수단)

〈효능〉 이 藥을 7일 동안 복용하면 精力이 過人해지고, 15일 동안 복용하면 玉莖이 鉄과 같이 단단해지며, 한 달 동안 복용하면 밤새도록 교접을 할 수 있게 된다. 또 下焦濕冷, 脚氣, 咳嗽를 제거시키고, 精髓를 增強시킬 수 있다. 따라서 이 藥을 久服하면 延年益壽가 可能하다.

〈구성〉 兎絲子·熟地黃·肉蓯蓉·川牛膝·蛇床子(以上 共히 酒浸一宿)·柏子仁·北五味子·桂皮·青塩·遠志 각 1兩

〈용법〉 분말로 하여 꿀로 梧子大의 丸을 만들어 空心에 따뜻한 술과 함께 六七十丸을 呑服한다.

7. 種子丹(종자단)

〈효능〉 玉莖을 鉄杖과 같이 強化시킨다.

〈구성〉 製附子·蛇床子·遠志·甘草

〈용법〉 위의 四味를 等分으로 細末하여 달걀 흰자위로 梧子大의 丸을 만들어 空心에 二十五丸씩 복용한다.

8. 大力丸(대력환)

〈효능〉 十女를 상대로 百戰不倒할 수 있다.

〈구성〉 熟地黃 5兩, 人蔘 2兩, 附子 1兩

〈용법〉 以上을 五貼으로 하여 하루에 두 번 空心에 복용한다.

9. 起陽湯(기양탕)

〈효능〉心腎의 氣를 大補하여 陰痿를 다스리는바, 4貼을 복용하면 곧 陰痿가 치료되고 4貼을 더 복용하면 精力이 旺盛해지며 4貼을 더 복용하면 久戰不敗하게 된다.

〈구성〉巴戟天・白朮 각 1 兩, 熟地黃・黃芪・山茱萸・北五味子・肉桂・遠志・人蔘・柏子仁 각 1 錢

〈용법〉물에 달여 복용한다.

10. 火土旣濟丹(화토개제단)

〈효능〉命門(火)・脾胃(土)를 補하여 精液이 薄冷한 것을 다스리며, 早漏를 고쳐 준다. 10貼을 복용하면 精溫해지며 3個月 동안 복용하면 다시는 弱해지는 일이 없다.

〈구성〉兎絲子・白朮・山茱萸・巴戟天 각 1 兩, 山藥 5 錢, 人蔘・肉桂 각 1 錢

〈용법〉물에 달여 복용한다.

11. 金鎗不倒方(금창부도방)

〈효능〉元順帝가 臨事時에 반드시 복용했던 藥으로서 終夜不泄의 효능이 있다.

만약 射精을 하고 싶으면 冷水를 마시도록 한다.

〈구성〉丁香・白姜蠶 각 1 錢, 陽起石・木香・乳香 각 3 錢, 乾葱 1 根

〈용법〉분말로 하여 따뜻한 술과 함께 복용한다.

12. 三仁湯(삼인탕)

〈효능〉痰을 除去시키고 陽氣를 북돋우는바 常服해도 좋다.

〈구성〉薏苡仁 1 兩, 白朮・茨仁 각 7 錢

〈용법〉물에 달여 空心에 복용한다.

13. 浴盆双妙丹(욕분쌍묘단)

〈효능〉安祿山의 常用方인데, 남자의 陽氣를 북돋우고 여자의 陰戶를 縮小시킨다.

〈구성〉細辛·川椒·蛇床子·梨花·甘草·茱萸·附子 각1兩, 蓮根·葱 각1握

〈용법〉위의 7味를 분말로 하여 5碗의 물에 진하게 달인 다음 蓮根과 葱을 부수어뜨려 넣고 여기에 적당량의 물을 섞어 全身을 男女가 함께 씻는다.

14. 萬聲嬌(만성교)

〈효능〉玉莖에 바르면 久戰이 가능하며 그 快味가 이루 말할 수 없다.

〈구성〉遠志(去心)·蛇床子·五倍子 각2錢

〈용법〉분말로 하여 2~3厘를 침으로 개어 玉莖에 바른다.

15. 旱苗喜雨膏(한묘희우고)

〈효능〉玉莖에 바르고 交接을 하면 마치 목마른 나무가 반가운 비를 만난 듯이 女子가 매우 좋아한다.

〈구성〉杏仁·丁香·蓖麻子·白礬·韮子 각2錢

〈용법〉분말로 하여 두꺼비진(蟾酥)과 煉蜜로 膏를 만들어 玉莖에 바른다.

16. 金屋得春丹(금옥득춘단)

〈효능〉陰戶가 童女처럼 된다.

〈구성〉石榴皮·菊花

〈용법〉같은 분량의 2味를 분말로 하여 물에 달여서 陰戶를 씻는다.

해제(解題)

고대 동양 의학의 연원은 신화 시대(神話時代)까지 거슬러 올라간다. 신화에 의하면, 여러 가지 문화를 창시(創始)한 8인의 뛰어난 제왕(帝王) 즉 3황5제 중의 한 사람인 황제 헌원씨(黃帝軒轅氏)로부터 의술(醫術)이 비롯되었다고 한다. 황제가 기백(岐伯) 이하 6명의 뛰어난 의사들과 더불어 토론한 의학적 내용을 기록한 것이 오늘날 동양 의학의 바이블이라고 일컬어지는 《황제내경(黃帝內經)》이다.

역사적으로 보면 위와 같은 신화적 전승(傳承)은 믿을 만한 것이 못된다. 현존하는 《황제내경》은 《소문(素問)》과 《영추(靈樞)》로 구성되어 있다는 것이 통설이지만 서지학적으로는 여기에도 이론(異論)이 있다.

그것은 어떻든 현존하는 《소문》·《영추》의 내용을 보면, 천지간의 자연 현상과 인체에 있어서의 생명 현상과를 대비시켜, 외적 환경의 변화가 인체의 기능에 어떻게 영향을 끼치는가 하는 것이 자세하게 설명되어 있다. 그 논거(論據)는 소박한 고대의 자연 철학적 원리와 잡다한 민간 신앙에 입각하고 있어서, 극히 비과학적으로 보이기도 하지만, 한편으로는 과학적 현대 의학으로서는 엄두도 내지 못할 점까지도 다루고 있다.

따라서 《황제내경=소문·영추》가 전설상의 인물에 가탁(假託)하여 편찬된 이래 오늘날에 이르기까지 2000여 년의 명맥을 유지해 왔다는 사실은, 기적이라고 하기보다는, 그 내용에 취할 만한 점이 적지 않다는 것을 증명하는 사실이라고 하겠다. 동양 의학의 물리 요법의 하나인 침구술(鍼灸術)은 오늘날에도 《황제내경=소문·영추》를 무시하고서는 충분한 시술이 불가능한 형편인 것이다.

《황제내경》에 나타나 있는 생명관(生命觀)이나 의학 사상(醫學思想)을 한마디로 요약한다는 것은 어려운 일이지만, 그 저류(底流)가 되어 있는 것은 천인 합일(天人合一)의 사상이라고 할 수 있다. 즉 인체를 소우주(小宇宙)

로 보고 대우주(大宇宙)인 천지의 자연 현상을 생명 현상과 대비시켜 고찰
하고 있는 것이다.

대우주(마크로 코스모스)에 대한 소우주(미크로 코스모스)라는 사고 방식
은 고대 그리스의 자연철학자들에게서도 있었지만, 《황제내경》 계통의 동양
의학에서는 이것이 음양・오행설(陰陽・五行說)로 훨씬 정교하게 논리화되
었다.

하늘[天]과 땅[地]이라는 전혀 상이한 것을 양(陽)과 음(陰)이라는 개념
을 이용하여 인식했다. 사람[人]은 땅 위에서 살고 있으므로 하늘의 양기와
땅의 음기에 함께 영향을 받는다. 그리고 남녀의 성별을 또한 양(陽)과 음
(陰)으로 나누어 인식했다. 이렇게 상이한 두 가지 요소의 양적 상태(量的
狀態)를 인식하는 것이 음양설(陰陽說)인 데 반하여 그것을 질적 상태(質的
狀態)의 측면에서 인식하려 한 것이 오행설(五行說)이다.

인체의 구성을 무기적(無機的)인 다섯 가지 요소[木・火・土・金・水]의
집합체로 간주하고, 이들 구성 요소는 각각의 기능에 따라 생명 현상에 참
여하는 것으로 보았다. 그리고 이들 다섯 가지 요소는 그 본체(本體)인 자
연계의 현상에 영향을 받아 소장(消長)하며 이들 상호간에도 생(生)과 극
(尅)이라는 두 가지의 다른 에너지의 이행(移行)이 있다고 생각하고 있다.
생(生)이란 각각의 요소들 사이의 친화・협조 관계를 가리키고 극(尅)이란
각각의 요소들 사이의 길항 관계(拮抗關係)를 말한다. 그런 관계 위에서 이
들 각 요소는 전체로서 순환성의 상관 관계를 갖고 있다는 것이다.

다시 말하면 무한히 계속되는 에너지의 흐름이 천지간의 자연 현상이고,
소우주인 인체의 생명 현상도 이 자연 현상의 시계열적(時系列的) 발현으로
서 인식한 것이 고대 동양 의학의 근본 사상이라고 할 수 있는 것이다.

동양 고유의 이단(異端) 사상의 일파인 선가(仙家)나 도가(道家)는, 의학
이 실천적 체계를 갖추어 감에 따라 자연히 등한시하게 된 천인 합일설・음
양설・오행설 등의 사상을 자신의 전유물처럼 지배하게 되었다. 도가(道家)
는 여기에다 차차 민간 신앙이나 무속(巫俗) 그리고 불교의 교리를 가미하
여 도교(道敎)라는 종교를 이루게 되었는데, 도교의 오의(奧義)에 통달하면
소우주인 인체는 대우주와 마찬가지로 불멸의 경지에 도달한다고 하면서 갖
가지 수양법(修養法)을 고안해 냈다. 어떻게 해야 영원히 늙지 않고 젊음을

유지할 수 있느냐 하는 것을 추구하던 중에 마침내 방중술(房中術)이라는 분
과(分科)가 독립하기에 이르렀다. 이것은 정통 의학의 입장에서는 이단(異
端)이어서 주로 선가(仙家)나 도가(道家)에서 다루긴 했으나, 의가(醫家)에
서도 완전히 무시하지는 않았다. 그 내용상으로 볼 때 알아 두어야 할 필요
가 있었던 것이다.

전설로는 의학의 기초를 확립한 것은 황제(黃帝)이고 약물의 기본을 정한
것은 신농(神農)이라고 하는데, 도교에서는 그 두 사람을 신선(神仙)으로 받
들고 있고 또 의가(醫家)에서도 의조(醫祖)로서 숭상하고 있다.

서력(西曆) 기원전에 이미 방중가(房中家)라는 학파가 의학의 한 분과로
서 성립되어 있었던 모양으로, 반고(班固)의 《한서예문지(漢書藝文志)에도
8가 186권의 문헌이 기록되어 있다. 《사기(史記)》에도 황제(黃帝)가 1200의
여자를 다루는[御] 데 성공하여 신선이 되었다고 기록함으로써 방중술의 권
위자로 취급하고 있다.

한대(漢代)의 방중술의 문헌은 이름만 전해지고 있을 뿐 그 내용은 전혀
알려져 있지 않다. 그러나 수·당(隋·唐)시대인 6~9세기에 이르러서 의가
의 바이블이라 할 수 있는 《황제내경》과 더불어 방중술의 많은 문헌이 출현
했다. 그것들은 대개 방중술의 권위인 많은 신선들과 황제와의 문답이라는
형식을 취하고 있는데, 신선이란 늙지도 죽지도 않는 존재들이므로 시간을
초월해도 하나도 부자연스럽지 않다.

이렇게 수·당 시대에 대성(大成)한 방중술은 그 후 난세(亂世)를 거치는
동안 모두 멸실(滅失)되어 버렸다. 그런데 다행히도 동양의 변두리 섬나라
인 일본에 전해진 몇 가지 전적(典籍)만은 멸실되지 않고 의가(醫家)들 사
이에서 비밀리에 전사(傳寫)되어 왔다. 이것을 집대성하여 항목별로 개편한
것이 《의심방(醫心方)》 제28권 《방내편(房內篇)》인데, 이것이 20세기에 이
르러 세상과 공표됨으로써 방중술의 전모가 판명되고 부흥의 실마리가 된 것
이다.

방(房)이란 침실을 일컫는 말이고 중(中)이란 말할 나위도 없이 어떤 것
의 내밀(內密)한 것을 가리킨다. 그러므로 이것은 섹스에 관한 이론과 기법
을 연구하는 학문인 것이다. 옛사람들은 이것을 드러내지 않으려고 '현소지
술(玄素之術)'이니 '음양지도(陰陽之道)'니 하는 표현을 쓰기도 했다. 방중

술을 이단시하면서도 인텔리들은 어떠한 평가를 내리고 있었던가 하는 것은 반고(班固)의 《한서예문지》에 있는 다음과 같은 기록을 보면 알 수 있다.

"방중(즉 섹스)은 동물 본능의 극치이므로 도덕의 범위에 속한다. 그래서 성왕(聖王)은 그와 같은 외부적 행위를 제한하고 내면적으로는 욕정이 지나치게 발동되는 것을 억제하기 위하여 절제(節制)의 원칙을 만들었다. 절제하지 않는 것은 탐닉(耽溺)이 되고 그렇게 되면 심신을 모두 상하게 된다. 그러나 성인(聖人)의 절제를 본받아 즐기면서도 적당히 절제한다면 정신은 온화해지고 그 수명은 길게 누릴 수 있을 것이다."

이것은 유교적인 관점에서의 비판이지만 참으로 공정한 의견이라 아니 할 수 없다.

아뭏든 이렇게 해서 오늘날 우리들에게 선을 보인 《의심방·방내편》은 세상에 두 권밖에 존재하지 않는다. 그러나 한 권[半井本]은 열람이 불가능하므로 일본 궁내청 서릉부(書陵部)에 보존되어 있는 한 권밖에는 없다고 해도 과언이 아니다. 그나마도 여러 차례의 전사(傳寫)를 거치는 동안 오자·탈자(誤字·脫字)가 많고, 또 원본이 성립된 지 1000여 년이 지났기 때문에 해석 불가능한 곳이 다수 있다. 그러나 많은 학자들의 연구로 이만한 모양으로나마 읽을 수 있게 된 것은 여간 다행이 아닐 수 없다.

연구자들을 위해 원문을 그대로 게재해 두는 바이다. 종조(縱組)로 되어 있으므로 끝 페이지에서부터 거꾸로 읽어 주기 바란다.

千金方云治合陰陽輙痛不可忍方

　黃連六分　牛膝四分　甘草四分

右三味水四外漬取二外洗之日四

劉涓子方云女人交接輙血出方

　桂心二分　伏龍肝三分　二味酒服方寸匕日三

醫心方卷第廿八

醫心方卷廿八

冊九

内鑑容三分　海藻二分　右搗篩爲末以和正月白心

肝汁塗陰上三度平旦新汲水洗却即長三寸換齡

玉門大第廿八

玉房指要云令女玉門小方

流黄四分　遠志二分　爲散綿裹威著玉門中即葱又

方流黄二分蒲華二分爲散三指撮著一升湯中洗玉

門廿日如未嫁之僅

洞玄子云癈婦人陰寬令急小夾撗而快方

石流黄三分　青木香二分　山茱萸二分　地床子二分

腎心方卷廿八　　卅七

右四味搗篩爲未臨夾撗内玉門中少許不得過多

恐最孔合

又方取石留黄未三指撮内一升湯中以洗臨急如十

二二女

銀齡方云令婦人陰急小夾方

青末香二分　山茱萸四分

丸二物爲散和唾如小豆内玉門中神齡

少女痛第廿九

集齡方云治童女始夾撗陽道邊理及爲他物所傷血流

不止方

燒乱髮幷青布末爲粉之立愈

又方以麻油塗之

又方取釜底黑新葫磨以塗之

千金方云治小戶嫁痛方

爲賊鼠骨二枚燒爲屑酒服方寸匕日三

又方牛膝五兩以酒三升漬去滓多三服

廿草二分　爲藥二分　生薑三分　桂十多

玉房秘决云治婦人初夾傷痛積目不歇方

玉房秘决云女人傷於丈夫陰腫疼痛方

腎心方卷廿八　　卅八

長婦傷第卅

水二㪷煮三沸一服

柒根白皮切半升　干薑二兩　桂心一兩　棗廿枚

以酒一斗漬三沸服一升勿令汗出當風忌可用水煮

集齡方云治女子傷於丈夫四體沈重廧頸痛方

生地黄八兩　爲藥五兩　香豉一升　葱白切升

生薑四兩　甘草二兩

各切以水七升煮取三升多三服不差重作

又方單末蛇床子酒服之

藏氣本草注云陰暑額日干搗篩為粉食之

新羅法師流觀秘密栗術方云大唐園滄州景城縣法

林寺法師惠志傳曰法藏齡記日如來為利眾儲此方

眾生不覺不顧是以无周知龍樹烏鳴說餅散之日

娑悟此藥即傳沙門…怖不傳回无有世間利王…西

天竺園之時東染宣人名阿蘇高乂有二寸藥風飛來

獻十二大顏三秀秘蜜栗術方王藥視儲自藥物如來

敎愈儲也王好時治術乃持齡歷籔之外更兼廣運封

醫心方卷廿八　廿五

十六大國御百万妃〻各為芳幼…一過膓莫兩心軒親〻

牟德蕩〻牟仁千金莫傳新羅法師秘密方云八月中

旬取露蜂房置平物迫一宿〻後取内生絹袋懸芊陰

干十旬限後〻妙藥夫堅覆合時割取鍒六枚許内清

填氣煎過黑灰成白灰即半分内溫酒吞半分内溫酒

吞半分内手以唾漄塗原自本远未塗了乾〻羅

合任心脈黑四旬漸朕齡終十旬調體了迄終身无憒

有盜福穰万倍氣功七悟所求皆得先病浪命威發招

冷隆冬追溫防邪氣不遺殘所謂增釜之積羸鍾廣各

百八十銖強如鐵鎚長大三寸屖自成香縮之罢男女

神靜心敏斗聰目明口卑氣香若來旗者内溫酒常吞

求長者塗末來欠者塗園服中藥志

今業皃有強陰之方猪可儲本頃之術

葛氏方云欲令陰委弱方

取水銀廣莩巴豆熬末和調以真麢脂和傳莖及裹

帛苞之若脂強以小麻油難煮…不異閣人…鍒末火

又方灸三陰灾宂使陽道裏弱

藏氣本草注云廣脂不可近大夫陰

醫心方卷廿八　廿六

陶景本草注云菱實菽〻霜之後食之令陰不痿

玉莖小苐廿七

玉房指要云治男子令陰長大方

栢子人五分　白斂四分　白朮七分　桂心三分　附子一分

右五物為巌食後服方寸匕日再十日廿日長大

玉房秘決云欲令男子陰大方

蜀椒　細辛　肉縱容　凡三味分等冶下篩以内

狗膽中懸戶屋上卅目以摩陰長一寸

洞玄子云長陰方

可服藥如常法

遠志丸治男子七傷陰痿不起方

續斷四兩　署預二兩　遠志二兩　地床子二兩

完縱容三兩

凡五物下蕲和雀卵丸如豆且服五丸日二百日長

一寸二百日三寸

錄駒方去蕲多散女子呂妾再詐上書皇帝陛下呂妾

頌首〃充衆〃愚聞上善不忌君妻夫華浮年八十房

內裏従蕲知得方方用

賢心方卷廿八

生地黄　切以清酒漬合　桂心一尺　甘草五分　　　卅三

末二分　于涔五分

凡五物㩵末下蕲治合後食以酒服二痛方寸匕日三

華浮合山藥末及服〃

浪故浮有双字蕲多年七十五痛腰屈駿白橫行便

倭妾慷之以藥与益多服廿日腰申自駿更黒顏色

滑澤狀若卅時妾有孿字審息謹善二人益多以為

妻生男女四人益得謹善與夫通妻覺偷聞多氣力壯

傍卧益多退得謹善與夫通妻覺偷聞多氣力壯動

文歲異於他男子妻年五十房內更開而解急不識

人不能自免斷女情為生二人益多与妻畜息寺三

人合陰陽無極時妾識恥与奴通即數益多折脏視

中有黄髓更死滿是以知此方有駒陛下御用膏髓

隨而滿君宣良方呂妾死衆蕲首再拜以聞

極要方去㾮大夫欲健房室百倍勝常多精氣起陰

陽得勢而大方

地床子三分　菟糸子三分　巴戟天戊二分　肉縱容二分

遠志一分志五味子一分　防風一〃

賢心方卷廿八

已上為散酒服半錢許廿日益精氣　　　卅四

葛氏方治男陰萎女陰脂無復人道方

地床子　菟糸子　遠志　續斷　菟糸子各二兩

完縱容　地床子　遠志　續斷　菟糸子各二兩

鵶末酒服方寸匕日三

文云若平常自強就接便弱方

蓍萊方去治陰萎方

蜀椒　昌蒲　菟糸子各三　合下蕲以方寸匕服日三驟傾〃鐵杵

又方早旦空腹溫酒內好藥飲之

又名充蕤丸方

宗縱容三分　五味子三分　菟絲子三分　遠志三分

地床子四分

凡五物擣篩爲散每日空腹酒下方寸匕日再三無
獻不可服六十日可御卅婦又以白蜜和丸如梧子
服五九日再以知爲度　今案千金方有〻地床子三分菟絲子三分
　　　　　　　　　　　經卅三分遠志卅三分防風〻〻茯苓〻〻
杜仲一分

又云塵角散治男子五勞七傷陰痿不起卒就婦人臨
事不成中道痿死精自別出小便餘瀝背疼冷方

腎心方卷廿八

鷹栢子人菟絲子地床子車剃子遠志五味子縱容名
右鷹篩爲散每食後服五分匕日三不知更加方寸匕

范汪方云開心署預氣丸治丈夫五勞七傷髓控不
耐寒戰即膽脈心滿喜鳴不欲飲食難食心下停淡寒
能消春復卒煩勢秋冬兩脚浚冷慮多忘腎氣不行陰
陽不發䭔如老人脈之健中神髓養志開心毒藏

上浚明目寬胃益陽隂風去冷無䘒不治方

完縱容一兩　山茱萸一兩　或方无　干地黄六分遠志六分
地床子五分　五味子六分　防風六分　伏苓六分

牛膝六分　菟絲子六分　桂仲六分　署預六分

凡十二物擣下師蜜丸如梧子服廿九日二夜一羔煩
心即停減之只脈十九如藥五日玉莖熾力欲盛卅
體滑澤澤十五夜顏色澤常卒足熱卅夜脈
五夜莖脈死滿卅夜勢氣卽徹面色如花千文如玆
䠒心開記事不思去愁止忌懷褒不寒和隂年
卅以下一剤卽足五十以上兩剤滿七十九七有子無
䘒禁忌但忌大辛酢

完縱容丸治男子五勞七傷隂陽痿不起積有十年癢

腎心方卷廿八

溫小便淋瀝時赤時黄此藥養性益氣力令人健
合陰陽隂痿不起起而不堅〻而不怒〻而不泄入便
自死此藥補精蓋氣令人好顏色脈白方

完縱容菟絲子地床子五味子遠志續斷　桂仲各

右七物擣篩蜜和爲丸〻如梧子平旦服五九日再
長肌東向面不如藥異至七九脈之卅日知五十日
隂陽大起隂弱加地床子不加遠志少精加五味子
欲令洪大加縱容腰痛加杜仲欲長加續斷新新加者

信之年八十老云脈之如卅時穀用有齡無婦人不

間無所云為但遠望殊思唯令交會陰陽三日三夜後
則體翕然寒慄心煩目眩男見女女見男子但行交
接之事義勝於人熱必病人而難治惡曠之氣為邪祟
淩後世必當有山者若處女貴人苦不當交与男交以
治之者當以石流黄敷兩燒以熏婦人陰下身體弁脈
庶角末方寸匕即愈矣
當見鬼淚泣而去一方脈庶角方寸匕日三以差為度
令檢治鬼疰之法多在於諸方具戴婦人之篇
用藥石茅廿六

腎心方卷廿六

廿九

千金方云采女曰交接之事既閒立笑敢問脈食藥物
何者亦得而有効祖曰使人丁強不老房室不勞損
氣力顏色不衰者莫遇庶角也
其法取庶角刮之為末十兩輙用八角生附子一枚
合之脈方寸匕日三大良亦可㸸庶角令㪺黄單脈之
亦令人不老老遲緩不及内附子者脈之廿日大覺來
可令隴西頭伏苓分等博師脈方寸匕日三令人長生
房内不衰　今案玉房秘決同之
又云治瘶而不起之而不大之而不長之而不熱之而

不堅之而不久之而無精之薄而冷方
繼嗣　鍾乳　虵床遠志　續斷　署顏　麻莘
右七味各三兩湎脈方寸匕日二欽多房倍虵床欽
堅倍遠志欽大倍廬茸欽多精倍鍾乳　今案逑㵎㵎等分廿九日三脈

玉房秘決云治男子陰委不起之而不放就事如無情
此陽氣少腎源㪺也方用
縱容五味各ㄡ　虵床子　菟絲子　積實各四
右物㕮咀酒脈方寸匕日三蜀郡府君年七十以上
後有子又方雄蛾未連者于三分細莘虵床子三分

腎心方卷廿八　卅

鵁䳵雀卵和如梧子臨夜接脈一枚若強不止水洗之
玉房指要云治男子欲令健作房室一夜十餘不息方
虵床　遠志　續斷　蛇客
右四物分等㪺為散日三脈方寸匕青玄脈之一夜行七
十女
洞玄子云禿鷄散治男子五勞七傷陰痿不起為事不
能蜀郡大守呂敬大年七十脈藥得生三子長脈之夫人
患多玉門中痒不能坐卧即藥弃遲中雄鷄食之即赴
上雌鷄其背連日不下嗽其頭冠之先世呼為禿鷄散

至之日陰陽爭血氣散先後日至各五日竇別內外含

曰是上十一月仲冬是月也至之日也陰陽爭血氣散先

後日各五日竇別內外

又云交接或愼龍禁聯飽大忌也愼世摃人百倍聯而

又云交接或啟惡劍或啟上氣欲小便而忍之以交愼使人

得淋或小便難塞中溫小腹旗大喜怒之後不可以史

樓裝癱疽

又云卜先生云婦人月事未盡而与交媾旣病女人生

子或面上有赤色澎北年者或合在身體文男子得白

馭病　已房勿媾　已錄勿房

贊醫心方卷廿八
又云已酢勿房　已房勿媾　已酔勿房　已飽勿
已房勿錄　已錄勿房　已房勿錄

卅七

洞玄子云男年倍女損女女年倍男損男

又云素女論曰五月十六日天地牝自不可行房北之不出

三年必死何以知之但取新布一尺以夕懸東壤上至明

日視之必有血切忌之

又云交接卅向時日吉利益愼順此大吉

春首向東　夏首向南　秋首向西　冬首向北

陽日益復日　陰日益　陽時益

春甲乙　夏丙丁　秋庚辛　冬壬癸

千金方云四月十月不得入房　陰陽純用事之月

又云初入後勿入房

又云新勞遠演沐浴熱後合御不沐浴不可御也

又云凡熱病新差及大病之未滿百日氣力未平復而

以房室者略無不死勢病房之名為陰陽之病皆難治

死近者有士大夫小得傷寒差老以十餘日能乘馬行來

自謂平復以房室即以小腹急痛手里物攣而死

話三方取女禪衣附毛襄燒脈方寸匕日三女人病可

取男禪如此法　令禁葛氏方士　得曹女療藝民

贊心方卷廿八
又方取竍与交婦人承覆男子上一食久

卅八

斷鬼交第廿五

玉房秘決云采女云何以有鬼交之病歉粗目由於陰

陽不交交情欲深重即鬼魅假像与之交通与之交通之

道其有自勝於人久則速感誹而隱之不肯告以為

佳故至獨死而莫之知也若得此病治之法但令夫与

男史而男勿寫精晝夜勿息用者不過七日必愈若身

體疲勞不能獨御者但深櫳勿動亦善也不治之致人

不過數年也歉騎其事實以春秋之際入於深山大澤

腰偏枯不御　生溢水不御

大清經云相女之法當詳察其陰及腋下毛當令煖而

濕澤而又上逆臂脛有毛麻不滑澤者此皆傷男雖一

合亦當戕百也

又云女子陰男散隨月死生陰雄之類害男尤劇赤髮

贈面癰瘦固病無氣如此之人無益於男也

禁忌第廿四

醫心方卷廿八　　　廿五

礼云雷將發聲生子不成必有凶災斯聖人佐誡不可

玉房秘決云沖和子曰易云天垂象見吉凶聖人象之

夫得不畏而敬之陰陽之合志是敬畏之大忌者也

不深慎者也若夫天實見於上地實作於下人居其間

又云彭祖云消息之情不可不去文當避大寒大热大

風大雨日月蝕地動雷電此天忌也醉飽喜怒憂悲恐

懼此人忌也山川神祇社稷井竈之處此地忌也既避

三忌把此忌者既致疾病子必短壽

天云凡服藥方及諸病未平復合陰陽凶天云違合陰陽董慎人

又云月敬不可以合陰陽損人

日不可合陰陽損人

天云彭祖云新淰斩以使人不壽者未必悲神斩為也

或以粉內陰中或以象列為男董而用之皆賊年命早

老遠死

蝦墓面經云黃帝問於歧伯曰男女斩俱得病者何也

歧伯對曰以其不推月之盛興之闇明不知其禁病

合陰陽是故男女俱得病也

月生四日不可合陰陽蘊癰疽月生六日不可合陰陽

蘊癰疽月生九日不可合陰陽月生十五不可合陰陽

女子中風病大禁月暝廿日不可合陰陽禁

醫心方卷廿八　　　廿六

華他針灸經云冬至夏至歲旦此三日前三後二皆不

灸刺及房室敦人大禁

養生要集云房中禁忌日月晦朔上下弦望六丁六兩

日破日月廿八日月蝕大風甚雨地動雷電霹靂大寒大

暑春秋冬夏節變之日送迎五日之中不行陰陽本命

行年禁之重者夏至後丙午丁巳

新遂行疫勤大喜怒皆不可合陰陽至丈夫襄忌之年

不可施精

天云安平崔定子真四民月令日五月是日仲夏是月也

令女正面仰臥瞑心一意開目内想受精氣故死子曰

夜半得子為上壽夜半前得子為中壽夜半後得子下壽

又云凡女子懷孕之後湏行善事勿視惡色勿聽惡語

省煩慾勿呪咀勿罵詈勿驚恐勿勞倦勿妄語勿憂愁

勿食生冷醋滑熱食勿乘車馬勿登高勿臨深勿下坂

勿急行勿服餌勿針灸待滿端心正念常竭經書遂令

男女如是聰明智惠忠貞良所謂敎胎者也

好女第廿二

醫心方卷廿八　[廿三]

玉房秘決云沖和子曰燒燃洪婦人之性美失夫能

又云欲御女湏取少年未生乳多肌肉絲髮小眼之精

白黑分明者面體濡滑言語音欬和調而下者其四支

百節之骨皆欲令没肉多而骨不大者其陰及腋下不

欲合宥毛乡乡當令細滑也

大清經云黃帝曰入相女人天性婉順聲濁行絲髮黑蜀肌細骨不長不短

不大不小鑿孔必高陰上無毛多精液者年五乡以上

卅以還未在産者交接之時精液流溢身軆動撞不能

自定汗流四通隨人舉止男子者雖不行法得此人曲

不為損

又云細骨弱肌肉淖膝澤清白薄膚怕御設耳目准

高鮮白不短不遠厚脛髀鬢孔欲高而圓密軆滿其上无

毛身滑如綿隨淖如膏以行道終夜不勞軆便利丈夫

生子貴豪

又云凡相貴人尊女之法欲得滑内弱骨專心和性髮

澤如漆面目悦美唯上無毛言語聲細孔宂向前與之

交會終日不勞勞求此女可以養性延年矣

要女第廿三　[卅四]

醫心方卷廿八

玉房秘決云若惡女之相蓬頭䫌面桓項結喉麦齒雄

聲大口高鼻少肉䠹毛大而且強人多遂生与之交會皆

高大黃髮少肉陰毛大而且強人多遂生与之交會皆

賊損人

又云女子肌膚麤不御身軆癯瘦不御常從高就下不

御男聲氣高不御股脛生毛不御嫉妬不御陰冷不御

不快善不御食過饑不御年過卌不御心腹不調不御

遂毛不御　身軆常冷不御　骨鍛堅不御　捲髮結喉不御

天云人生瘖瘂者是朦目蓍之子膿蓍百鬼聚會終死

不息君子腐或小人私合陰陽其子必瘖瘂

人生傷死者名曰大子燃燭未滅而合陰陽有子必傷

死而人十一

人生顛狂是雷電之子四月五月大兩霹靂君子腐或

小人私合陰陽有子必顛狂

人生為席狼所食者重服之子孝子戴麻不食肉君子

贏顧小人私合陰陽有子必与席懷祈合

人生溺死者父母遍藏脆枕銅器中覆以銅器埋於陰

賢心方卷廿八

廿一

垣下入地七尺名曰童子東溺死水中

又云大風之子多病雷電之子狂顛大醉之子必瘕狂

勞倦之子必灸傷月經之子兵巳黃虎之子多憂人定

子不瞑則賢曰入之子口舌不祥日中之子顛病睛時

子自毀傷

又云素女曰求子法自有常體清心遠應契定其裕祀

子子自毀傷

戲令女咸或動乃住從之過其道理同其快樂卻身寫

分過遠至麥幽遠則遺子門不入子戶若依道術有有

子賢良而老壽也

天云敦祖曰求子之法當蓄養精氣勿數施以婦人

月事新絕潔淨三五日而交有子則男聰明才智老壽

高貴生女清賢配貴人

天云素女曰展之際以御陰陽利身便軀精光益張生子

富長命

又云素女曰夫人合陰陽當避禁忌常柔生氣無不老

壽者夫婦俱老雖生化有子皆不壽也

天云男女滿百歲生子亦不壽八十男可御十五十八

天云婦人無子參婦人无年特小豆二七枚右手持男

子陰頭內女陰中左手內豆口中女自男陰同入開

男陰精下女仍當咽豆有効万全不失一七

天云婦人懷子未滿三月以戌子取男子冠纓燒之以

取灰以酒盡服之生子富貴明達秘之之

女則生子不犯禁忌皆壽老女子五十得少夫亦有子

廿二

賢心方卷廿八

洞玄子云凡欲求子儀女之月經斷後則交擇之一月三

日為男四五日為女五日以後徒捐精力終無益也

又採泄精三時候女快來須与一時同瀉、必湏盡

日月無光虹霓地動日月薄蝕此時受胎非只百倍損

於父母生子或瘖瘂聾瘄愚癡癲狂當致敗旨劫多病経

寿不孝不仁又遭火光星辰之下神廟佛寺之中井竈

清厠之側塚墓屍柩之傍皆恋不可

又云夫夫會如法則有福德大聖善人降託胎中仍令

父母性行調順耶作合應家道日隆祥端兆集若不如

法則有薄福愚癡惡人來託胎中令父母性行凶險耶

作不成家道日否各歲屡至雖生成長國滅身亡夫稿

福之致有如斯矣此乃必然之理何不思之

顆悶心方卷廿八

廿九

又云以夜半後生氣時寫精有子皆男必寿而賢明高

爵也 今案大清経云夜半日中至夜半為死氣

又云王相日貴宿日尤吉 其四有 本書

産経云黄帝人之始生本在於胎合陰陽也夫合陰陽

之時必趁九殊こ者日中之子生則歐逆一也夜半之

子天地閉塞不瘖則聾旨二也日蝕之子體威毀傷三也

雷電之子天怒興威必易脈狂四也月蝕之子与母俱

凶五也虹蜺之子若作不祥六也冬夏日至之子生害

父母七也弦望之子必為乱兵風旨八也醉飽之子必

為病癲瘡痔有瘡九也

又云有五觀子生不祥月水未清一觀也父母有瘡二

觀也衰脈未除有子三觀也父母身親衰四

觀也住身而憂恐重復驚憧五觀也

玉房秘決去合陰陽有七忌

第一之忌晦朔弦望以合陰陽損氣以是生子こ必刑

残望深慎之

第二之忌雷電天地感動以合陰陽五脈陽以是生子

こ必癰腫

腎心方卷廿八

第三之忌新飲酒飽食穀氣未行以合陰陽腹中鼓享

小便白濁以是生子子必顛狂

第四之忌新小便精氣錫以合陰陽経脈得溫以是生

子必疲聾

第五之忌勞倦重擔志氣未半以合陰陽勤腰苦痛以

是生子必夭残

第六忌新沐浴髮膚未燥以合陰陽令人短氣以是生

子子必不全

第七忌兵堅威怒盒脈痛當令不合内傷有病如為倦

乙聲復縮腹合氣流布至堅至老不衰耳

調五藏消食療百病之道臨施旋腹以意內氣縮後精

穀而還歸百脉也九淺一深至琴絃麥齒之間正氣還

邪氣穀去令人腰背不痛之法當壁申腰勿忘位仰平

膝背前却行常合流欲補虛養體治病欲寫勿寫還流

流中之通勢

醫心方卷廿八

又云夫陰陽之道精液為珠即能愛之性令可保凡施

寫之後當馳失氣以自補復達九者內息九也厭一者

以左手然隆下還精復流也取氣者九也淺一深也以口

當歙口氣呼以口吸微別二无咽之致氣以意下也至

腹胙以助隆為隆力如此三返復淺之九淺一深九至

八十一陽穀滿矣至竃出之鶏內之此為鶏入穀出隆陽

之和在於琴絃麥齒之間陽固昆石之下隆困麥齒之

間淺則得氣速則氣穀一至穀寶傷肝見風濕出溺有

餘澀至臭鼻傷腸師欲迴腰背痛至昆石傷脾腹滿腥

臭時々下利兩服疼百病生於昆石故傷失操合時不欲

及遠也

黃帝曰忱此禁療方奈何子都曰當以女復療之心其

法令女正偃臥令兩服相去九寸男徙從之先飲玉漿水

久乃委鴻泉乃徐內玉莖以半節之則裁至琴絃麥

齒之間獻人漢躍心煩常自堅持勿施寫度世令

堅強乃徐內之令至昆石當揉佚大之則出之心息勿

調後之常令鶏入鶏出不過十日堅如鐵勢如火百

戰不殆也

求子第廿一

千金方云夫婚烟生肓者人倫之本王化之基歪人設

穀備論歙百後生莫能精曉臨事之日習命若愚令具

述求子之法以貽後嗣同志之士或可覽寫

又云夫欲求子者先知夫妻本命五行相生及与德合

并本命不在子伏藏死墓中生者則求子必得若其本

命五行相尅及与祝敦破芽在子休藏死墓中生者

則求子不可得慎無措意縱後得者於後方難平禁忌則胙

其相生并遇福德者仍須依法如方避平禁忌則胙

誃咒子盡善盡美難以具陳矣

又云夫敆令咒子吉良者交會之日當避晦丁日及弦

堅朝晦大風大雨大霧之大寒大暑雷電霹靂天地暗冥

玉房秘決云沖和子曰夫縱情逸欲必有損傷之病斷
乃支骨之關明之以關以新

病亦以斯愈解醒以酒是為愈也

又云采女曰男之威裏何以為儀軌祖曰傷威得氣則

玉莖當熱陽精濃而溢也其裏有五一日精洩而出則

氣傷也二日精清而少此肉傷也三日精變而臭此筋

傷也四日精出不射此骨傷也五日精洩而身此榦傷

也凡此衆傷皆由不徐交接而卒暴施寫之所致也治

之法但卻而不施不過百日氣力必發百倍

醫心方卷廿八

廿五

旨治之法夜閉目而交愈

又云支接閉目相見散體夜姹火視當書即病目瞑清

支接取歙人者腹上者從下舉腰應之則苦腰痛少腹

東急兩脚物背曲治之法復體心身徐愈也

支接側斯旁向歙手舉尻病腸痛治之法心卧徐愈

愈支接促頸逆頸則病頭重項放治之法以頸置歙人

頸上不伍之愈

夾接侵能謂夜半飯末消而以戲即病劍脅氣滿腸

下如核骨中若別裂不欲飲食心下結塞時噫呕吐青黃目

氣實結脈若硱呕盂若膏下堅痛面生惡劍治之法過

夜半向晨交愈

支接侵酒醉醒而支接戲用力深捶即病黃疸黑皰腸

下痛有氣操力動手下聊裏若囊威水撒臍上引肩膊

甚者脅背痛欬堕盂上氣治之法勿復秉酒勢向晨支

接戲徐緩體愈

富溺不溺以支接則病淋少腹氣急小便難董中疼痛

常欲手撮㑊史乃欲出治之法先小便還卧自定半

飯久項乃徐支接愈

富大便不大便而支接即病痔大便難至清移日月下

醫心方卷廿八

廿六

腰盃孔旁生劍如蜂窠狀清上頃便不時出疼痛灘

腫卧不得息以道治之法用鷄鳴際先起更衣還卧自

定徐相戲半完體緩意令滑澤而退病愈神良并愈婦病

夾接遲度汗如珠子屈申轉側風生袚裏精塵氣竭風

邪入體則病緩弱為蹶塞半不蹛治之法蕢養精神脈

地黃頭

又云坙子都曰令人目明之道臨動欲施時仰頭閉氣

大呼嗔目左右視縮腹還精氣令入百脉中也

令耳不聲之法臨欲施寫大咽氣合幽閉氣令耳中蕡

四施精皆得壽一二百歲有顏色無疾病

千金方云昔貞觀初有一野老可七十餘詣余曰數

十日來陽道益盛思与家婦晝夜寢事守戒未知老

有此為益為患耶余荅之曰是大不祥也子獨不聞膏

火乎夫膏火之將竭也必先闇而後明之心即滅也今

足下年邁素竭久當用精誠忽春情搖蕩豈非返常耶

竊為足下憂之子勉慎後四旬荄病而卒此皆不慎之

勃也斯乃實者也　覽陽道盛必謹而柳之不可縱

心竭意以自賊也若一度制得不洩則是一度大增油

賢心方卷廿八　廿三

不深以自防也

施寫第十九

玉房秘決云黃帝問素女曰人有強弱年有老壯各

也即欲求子何可得寫素女曰人

隨其氣力不欲強快之即有所損故男年十五盛者可

一日再施瘦者可一日一施年廿盛者可一日一施卅歲者可

一施瘦者可二日一施卅歲者可三日一施

盧者四日一施五十歲者可五日一施盧者可十日一施

若不能割愛縱情施寫則是膏火將滅更去其油不可

六十歲者十日一施盧者廿日一施七十歲者可廿日

一施盧者不寫

天元正常二日一施廿三日一施卅四日一施五十五日一施

過六十以去勿復施寫

養生要集云道人劉京云春天三日一施精夏及秋當

一月再施精冬當閉精勿施夫天道冬藏陽人能法

之故得長生冬一施當春百

千金方云素女法人年廿者四日一洩年卅者八日一

洩年卌者十六日一洩年五十者廿一日一洩年六十

者即畢閉精勿復更池也若體力猶壯者一月一洩凡

人氣力自有強盛過人者亦不可柳忍久而不洩致

癰疽若年過六十而有數旬不得交接意中平者可

賢心方卷廿八　廿四

閉精勿洩也

洞玄子云凡欲洩精之時必須候女快与精一時同洩

男須淺退徐動於琴絃麥齒之間陽鋒深淺處發兒舍乳

即閉目內想舌拄下齶陽背別頭縮腹真歛肩閉口吸氣

精便自上節限多少莫不由人十分之中只得洩二三矣

治傷第廿

燋治之法令男子正申臥女跨其上向足女擽席淺內
之曰苦欲眠喉咽乾枯骨節解墮後暫快終於不樂
五椷謂機之關之厥之傷之者過新大小便身體未定
而彊用之則傷肝及卒暴疾會遲疾不理不理勞疾未動
骨令人目眩二癰疽發衆脈絕久生偏枯陰瘰不
起治之法令男子正臥女跨其股踞前向徐徐案內之
勿令女人自擽女精出男勿快日九行之十日愈
六椷謂百閉之者淫佚於女自用不節數交失度廢其
精氣用力強寫精盡不出百病萎生消渴目䀮之治之

醫心方卷廿八　　　　　　　　　廿一

法治男正臥女跨其上莉伏擽席令女內玉莖自橓精
出止男勿快日九行十日愈

七椷謂血竭之者力作疾行勞汗出因以交合俱已
之時偏臥推涹吞暴急劇病因發連施不止血枯氣
竭令人皮虛膚急莖痛囊濕精變為血治之法令女
臥高枕其尻申縱兩股男跪其間深刺令女自擽精出
此男勿快日九行之十日愈

還精第十八

玉房秘訣云采女問曰交接以寫精為樂令閉而不寫

將何以為樂乎彭祖曰夫精出則身體怠倦耳苦嘈
之曰苦欲眠喉咽乾枯骨節解墮後暫快終於不樂
也若乃動不寫采力有餘身體能便耳目聰明雖自抑
靜意愛更重恒若不足何以不樂耶
天云黃帝曰頗聞動而不施其勁何如素女曰一動不
寫則力強二動不寫耳目聰明三動諸病消已
四動五神咸安五動血脈充長六動腰背堅強七
動尻股益力八動身體生光九動
背堅強七動不寫五神咸安五動不寫身體生光九動
不寫壽命未失十動不寫通於神明

醫心方卷廿八　　　　　　　　　廿二

玉房指要云能一日數十交而不失精者諸病皆愈年
壽日益天戴之易女則益多一夕易十人以上尤佳
又云仙經曰還精補腦之道交接精大動欲出者急以
无于中央兩指卻抑陰囊後大孔前壯事抑之長吐氣
幷喙齒數十遍勿閉氣也便施其精精亦不得出但從
玉莖復還上入腦中也此法仙人呂相授皆飮血為盟
不得妄傳身受其殃
又云若欲御女取益而精大動者疾仰頭張眼左右上下
不得妄傳人能一月再施一歲快
視縮下部閉氣精自止勿妄傳人

八益第十六

玉房秘決云素女曰陰陽有七損八益一益曰固精令
女側臥張股男側臥其中行二九數々平心令男固精
又治女子漏血日再行十五日愈二益曰安氣令女正
卧高枕伸張兩胜男跪其股間刺之行三九數々畢心
令人氣和又治女門寒日三行廿日愈
三益曰利藏令女人側臥屈其兩股男横卧刺之行
四九數々畢心令人氣和又治女門寒日四行廿日愈
四益曰強骨令女人側臥屈左膝伸其右胜男伏刺之
行五九數々畢心令人開節調和又治女門日五行
十日愈
五益曰調脉令女側臥屈其右膝申其左胜男據地刺
之行六九數東心令人脉通利又治女門日六行廿日愈
六益曰蓄血男正偏卧令女戴尻跪其上極内之令女
行七九數々畢心令人力強又治女子月經不利七
行十日愈
七益曰益液令女人正伏舉後男上柱行八九數々畢
心令人骨填

腎心方卷廿八　十九

八益曰道體令女正卧屈其胜足迫房下男以胜脾刺
之以行九々數々畢心令人骨實又治女陰臭日九行
九日愈

七損第十七

玉房秘決云素女曰一損謂絶氣々者心意不欲而強
用之則汗出氣少令心熱目冥々治之法令女正卧男
擔其兩股深案之令女自搖女精出心男勿得快日九
行十日愈
二損謂溢精々者心意貪愛陰陽未和而用之
精中道溢又醉而大損喘息氣亂則傷肺令人欬逆上
氣消渴喜怒或悲悽々口乾身熱而難久立治之法令
女人正卧屈其兩膝俠男々浅刺内玉莖寸半令女子
自搖女精出心男勿得快日九行十日愈
三損謂奪脉々者陰不堅而強用之中道強寫精氣
竭及飽食訖交接傷脾令人食不化陰痿無精治之法
令女人正卧以脚鈎男子尻男則據席内之令女自搖
女精出心男勿快日九行十日愈
四損謂氣泄々々者勞倦汗出未乾而交接令人腹熱唇

腎心方卷廿八　廿

十一 玄鳥龍合
今女創臥舉兩股服男於其背後騎女下脚之上
豎一脉置女上股內玉莖

十二 龍蛛
男俯臥屈兩足坐女上股內玉莖
進陽鋒於玉門之中

十二 背飛鳥
今女背臥男重於女背覆重於男上女足擽床似頭抱男項內玉莖

十三 偏蓋松
今女突脚向上男以兩手抱女兩手抱男項內玉莖
於玉門中

十四 臨壇竹
今女俯臥向立為口相抱千丹穴以陽鋒深探千丹穴沒至

十五 鸞雙舞
男女俱一躑仰者奉脚疊者騎上兩隄相向男其味者

十六 鳳將雛
婦人肥大用小男
共史絃大欲心也

十七 海鷗鶼
男臨床邊擧女脚以令擧男
以玉莖入千子宮之中

十八 野馬躍
今女仰臥男居膝內屈其之兩手抱
女兩足至男背雷兩脚勃勃

十九 驥騁足
今女仰臥男擔女兩脚項右千
擧本脚即以玉莖內入千子宮也

醫心方卷廿八

十七

廿八 貓鼠同穴
男俯臥以展足女伏男上深內毛莖又男
伏女背上仰將玉莖擊千其中

廿九 三春驢
女兩手兩脚俱擽床男立其後以兩手
抱女腰玉莖納其中甚天後也

世 秋狗
男女相背以兩手脚俱擽床
柱男即低頭以一手推玉莖內玉門之中

九 狀第十四

洞玄子云凡玉莖或有擊右擊若猛將之破陣一也
上蓴下若野馬之跳澗其狀或出或沒若波之群鷗二也
或深藻淺桃若鴇鳥之啄稻其狀四也或深或淺若大石之
投海五也或緩衝遲推若凍地之入窟六也或猴急刺
若驚鼠之透穴七也或擡頭拘足若鷹鶴之擒狡兔八也

醫心方卷廿八

或懵上頓下若大坑之遇狂風其狀九也

六勢第十五

洞玄子云凡交接或下捺玉莖佳末鋸其玉理其勢若
割辟而取明珠其狀一也或下擽玉理上衝金溝其勢若
石而尋美玉一也或以陽鋒來往磨琢基蓋其勢若割
投藥臼其勢三也
或以玉莖出入攻擊左右碎雕其幽谷之間其
勢若農夫之墾秋壞其勢五也或以玄圃天庭兩相磨搏其
鋸之鍛鐵其勢四也
勢若兩崩巖之相欽其勢六也

十八

度自得女陰開旗精液外溢畢而休息百病不發男益盛

第三日猿搏令女偏臥男擧其股膝還過凥脊俱擧乃内玉莖刺其裏單大煩動擺精液如兩男涤業之撼

址且怒女快乃止百病自愈

第四日蟬附令女伏臥直伸其軀男伏其後深内玉莖小擧其凥以和其赤珠行六九之穀女煩精流陰裏動怠外為開舒女快乃止七傷自除

第五日龜騰令女正臥屈其兩腺男乃推之其足至乳深内玉莖刺嬰女深淺以度令中其實女則感悦軀自撼擧精液流溢乃深撼内女快乃止行立勾步精力方倍

第六日鳳翔令女正臥自擧其脚男跪其股間兩手據席深内玉莖刺其昆石堅勢内奉令女動作行三八之穀凥急相薄女陰開舒自吐精液女快乃止百病自愈

第七日兔吮毫男正反臥直伸脚女跨其上膝在外邊女背頭向足懷席俛頭乃内玉莖刺其琴絃女快精液流出如泉飲喜和樂動其神祇女快乃止百病不生

第八日魚接鱗男正偃臥女跨其上兩股向前乃徐内之微入便止纔授勿深如兒含乳使女獨搖務令遲久

醫心方卷廿七

十五

女快男正治諸結聚

第九日鶴交頸男正箕坐女跨其股手抱男頸内玉莖刺麥齒勢中其實男抱女凥助其撼擧女自感快精液流溢女快乃止七傷自愈

卅法第十三

洞玄子云凡交接之勢更不出於卅法其間有屈伸俯仰出入淺深大小有異可謂指掌都遠採撼無遺余遂像其勢而錄其名假其形而連其号勒音君子窮其志之妙矣

醫心方卷廿八

一叙綢繆

二申繾綣　不詳殼也

三曝鰓魚

四騏驎角

五蠶緾綿

六龍宛轉

七魚比目

八燕同心

九翡翠交

十六

五欲第八

素女曰五欲者以知其應一日意欲得之則屏息屏氣

二日複欲得之則鼻口兩張三日精欲煩者振掉而抱男

四日心欲滿者則汗流濕衣裳五日其快欲之甚者身直

目眠

十動第九

素女十動之効一日兩手抱人者欲體相薄陰相當

也二日伸云其兩䏶者切磨其上方也三日䐜腹者欲

其淺也四日尻動者快善也五日舉兩脚拘人者欲其

醫心方卷廿八　十三

深也六日交其兩股者內痒溢之也七日側搖者欲

切左右也八日舉身迫人者淫樂甚也九日身布縱者

體快也十日陰液滑者精已洩也見其効以知女之快也

四至第十

玄女經云黃帝曰意貪交接而莖不起可以強用不玄

女曰不可矣夫欲交接之道男洩四至乃可知女九氣

者精之明大者精之關堅者精之戶勢者精之門四氣

黃帝曰何謂四至玄女曰玉莖不怒和氣不至怒而不大肌

氣不至大而不堅骨氣不至堅而不熱神氣不至故怒

至而節之以道開機不妄開精不洩矣

九氣第十一

玄女經云黃帝曰善哉女之九氣何以知之玄

女曰伺其九氣以知之女人大息而咽唾者肺氣來至

鳴而吮人者心氣來至抱而持人者脾氣來至陰門滑

澤者腎氣來至慇懃咋人者骨氣來至足拘人者筋氣來

至撫弄玉莖者血氣來至持弄男乳者肉氣來至勸乽

交接弄其實以感其意九氣皆至有不至者則客傷故

不至可行其穀以治之　今檢諸本無一氣

醫心方卷廿八　十四

九法第十二

素

玄女經云黃帝曰朞訖九法未闡其法願為陳之以開

其意藏之石室行其法式

玄女曰九法第一曰龍翻令女正偃臥向上男伏其上

股隱于床女舉其陰以受玉莖刺其穀實攻其上䟽

緩動搖八淺二深死往生返勢則煩悅其樂

知倡跌自開固百病銷已

第二曰虎步令女俯俛尻仰首伏男跪其後抱其腹乃

内玉莖刺其中極令深審進退相薄行五八之數其

之間摩埀弄埀之側於是男情既或女意當達即以陽
鋒緩緩攻聲或下衝玉理或上築金溝輕刺於辟雍之
傍頷息於辟台之女當媒津湊干丹穴即以陽鋒
投入子宮快洩其精湊液同流上灌干神田下漑干
以帛子乾拭之後乃行九淺一深投丹穴至於陽事畫乏
谷使往來撵斡進指磨女必求死求生乞性乞命即
然若巨石之攤深豁乃行九淺一深之法於是縱橫
桃傍奉側按乍緩乍急或深或淺少經廿一息俟氣出入
女得快意也男即疾忩則磋勒高擢俟女動擢乔其

腎心方卷廿

（十一）

緩急即以陽鋒攻其赦賓提入于子宮左右研磨自不
煩細細抽揆女當津液流溢男即徊退不可死運必洶
生返炌出大幀炌男持冝慎之
素女経云黃帝曰陰陽眞有法乎素女曰臨御女時先
令婦人敬平安身屈兩脚男入其間衍其口吮其舌拊
擽其玉莖擊其門戶東西兩傍如是良頃徐徐內入玉
莖肥大者內寸半弱小者入一寸勿搖勤之徐出更入
除百病勿令四傍洩出玉莖入玉門自然生熱且忩婦
人身當自動揺上与男相得然後深之男女百病消滅

淺刺琴絃入三寸半當開口刺之一二三四五六七八九曰
深之至昆石傷佳來口當婦人口而吸氣行九九之道
訖乃灿廾

五常第六

玉房秘決云黃帝曰何謂五常素女曰玉莖實有五常
之道深居隱處執節自守內懷至德施行無己夫
玉莖意欲施與者仁也中有空者義也端有節者禮也
意欲即赴不欲即止者信也臨事低仰者智也是故真
人曰五常而節之仁雖敬施予精苦不固義守其空者

腎心方卷廿

（十二）

明當禁佳無得多實既禁之道矣文當施与故禮為之
節矣軌戲持之信既著矣即當知夬擾之道故能從五
常身乃壽也

五徵第七

玉房秘決云黃帝曰何以知女之快也素女曰有五徵
五欲又有十動以觀其變而知其故
夫五徵之候一曰面赤則徐徐合之二曰乳堅鼻汗則
徐徐內之三曰鑒乾咽嗌則徐徐揺之四曰陰滑則徐
徐深之五曰尻傳液徐徐引之

百應竟解乃令女左手把男玉莖男以右手撫女玉門
於是男感陰氣則玉莖振動其狀也哨然上聳若孤峯
之臨迴漢女感陽氣則丹穴津流其狀也淆熱若澗
間幽泉之吐深谷此乃陰陽感激使然非人力之所致也
勢至於此乃可交接或男不感振女無煙澤皆緣於
內疾故於外矣

玉房秘決云黃帝曰夫陰陽之道交接以徐為貴
擾之道固有形狀男以致氣女以除病心意娛樂氣力
益挂不知道者則侵以衰欲知其道在安心和志精神

醫心方卷廿

九

死歸不寒不暑不飽不飢定身正意性必舒遲消內徐
動出入欲稀以是為即慎無敢達女既性懷意害汗如珠
又云黃帝曰今欲強交接玉莖不起面慙意羞汗如珠
子心情貪欲強助以手何以旗之願悃其道素女曰帝
之所問眾人之所有凡欲接女固有經紀必先和氣玉莖
乃起順其五常存九部女有五色審所志和按其溢
精取液于口精氣還化境滿髓腦避七損之禁行八益
之道無遠五常身乃可保正氣內充何疾不去府藏安
寧光澤潤理每接即起氣力百信獻人賓胞何憊之有

玉房指要云道人劉京言久鄉女之道猴欲先徐之嬉
戲使神和意感良久乃可交接蒻而內之堅強為退之
間欲令踈遲亦勿高自授擲顛倒五藏傷絕絡脈致生
百病也但接而勿施能一日一夕數十交而不失精若
諸病甚愈年益壽玄女經云黃帝曰一時欲接而不共
不悅其寶不動其液不出玉莖不強小而不勢何以乜

十

玄女曰陰陽之感而應耳故陽不得陰則不喜陰不
得陽則不起男欲接而女不樂接而男不欲二心
不和精氣不感加以卒上暴下愛樂未施男欲求之
故女不悅男情意合同俱有悅心故女質振感男莖盛

醫心方卷廿

誉和俞氣精液流玉莖施縱作怠王戶開俞或
實作而不勞強獻自俟吸精引氣灌流朱室令陳九事
其法偸志伸縮俯仰前却屈折帝審行之慎莫違失

臨御第五

洞玄子云凡初交接之時先坐而後臥女左男右臥之
後令女心面仰卧展足男伏其上踞於股內即以
玉莖堅拖於玉門之口森森然若偃松之當遠谷洞前
歡若以寸刺之當遠谷洞前
更施碎勒鳴口朔舌或上觀玉面下視金溝撫拍臍乳

小縮而浅之則陽得氣於陰有損又五蔵之液要在於
肌好近年不老常如少童審得其道常與男子交可以
舌赤松子所謂玉漿可以絶穀常交接時多含舌液及
絶穀九日而不知飢也有病与男交者高可不食而瘉
嗌使人胃中谷䊈如胀湯藥消渴立愈逆氣便下皮屑
瘦況与人交乎

養陰第三

悦澤姿如處女道不遠求但俗人不能識耳采女曰不
遂人情而可益寿不亦樂哉

玉房秘決云冲和子曰非徒陽可養也陰亦宜然西王
母是養陰得道之者也一与男交而男立損病女顏色
光澤不著脂粉常食乳酪而彈五絃斫以和心繫意使
無他欲又云王母無夫好與童男交是以不可為世

腎心方卷廿八　　七

使無他欲又云王母無夫好與童男交是以不可為世
教何必王母然哉

天云与男交當安心定意有如男子之未成溷氣重乃

小玖情志与之相應皆勿振極踴躍使陰精先竭也陰
精先竭其廔空虚以受風寒之疾或閉男子与他人交
按妳姤煩悶陰氣鼓動坐起惆悵精液獨出惟降暴老
皆此也也將宜抑慎之

又云若知養陰之道使二氣和合則化為男子若不為
子轉成津液流入百脉以陽養陰百病消除顏色悦澤

和志第四

洞玄子云夫天左轉而地右迴春夏謝而秋冬龍衰男唱
而女和上為而下從此物事之常理也若男搖而女不
動而男不從非直損於男子亦乃害於女人此由陰陽
行很上下了庲矢以此合會彼此不利故必溷男女轉
而女右迴男不衝女上撮以此合會乃謂天平地成矣

腎心方卷廿八　　八

凡淺浅遅速枇攦東西理非一途盍有万緒若緩衝似
鯏臾之弄釣若忽戚如羣鳥之遇風進退奉引上下隨
迎左右往還出入踈盞此乃相持成勢臨事制宜不可

膝柱宮高如琢之用

又云九初交會之時男坐女左男右乃男其坐把
女於懷中於是勒纖腰撫玉體申燕婉叙綢繆同心同

意乍抱乍勒二形相摶兩口相嗚男含女下脣女舍男
上脣一時吮咂其津液或緩嚙其舌或微刺其脣或
邀遶把頭或遍令拍抱下嗚東脅西千嫶既申

瘥多病而不壽任情恣慾伐年命唯有得節宣之和
可以不損洞玄子曰夫天生萬物唯人最貴人之所上
莫過房慾法天象地規陰矩陽其理者則養性延齡慘
其真者則傷神交壽室如玄女之法傳之萬古都具陳其
梗槩仍未盡其機山微余每覽其徐思補其闕綜習舊
儀纂此新經雖不窮其紕繆柳得其精粕其坐臥鈴卷
之形偃伏開張之勢側背利起之法出入淺深之規並
會二儀之理俱合五行之數其導者則得保壽命其達
者則陷於危亡既有利於凡人宜無傳於萬葉

腎心方卷廿八

五

千金方云慾不可無亦不可無易若孤獨而思交媾
損人壽生百病又鬼魅曰之共支精損一當百
又云人年廿以下多有放恣廿以上即覺氣力一時
衰退之既至衆病蜂起夭而不治遠尔不救故年至世
須識房中之術者其道邇近而人莫之知術單哭篆之
御十女不泄而已此房中之術夷之藥餌四時多
絕則氣力百倍而智慧日新此方之術也

養陽第二

玉房秘決云沖和子曰養陽之家不可令女人竊窺此

術非但陽無益乃至損病豈謂利器假人則撩袄燧撥也
又云訖祖云曰夫男子欲得大益者得不知之女為善
又當御童女顏色欠當如童女~但苦不少年耳若得
十四五以上十八九以下還甚益佳也然高不過卅
鈴未卅者已產者為之不能益也吾先師相傳此道者
得三十歲輩藥者可得仙
又云故行陰陽取氣養生之道不可以一女為之得
三若九者十一多~益善採取其精流上鴻泉還精肥
唐悅漳身項明氣力旋威狀衆歌老人如廿時者

腎心方卷廿八

六

年少勢力百倍
天云御女欲一動輒易女~~可長生若故還御一女者
女復氣轉微為益亦少也
又云青牛道士曰敷~易女則益多一夕易十人以上
尤佳常御一女~精氣轉弱不能大益人亦使女瘦瘠也
玉房指要云彭祖曰夫交接之道無復他奇但當從容安详
徐以和為貴玩其丹田求其口實深按小搖以致其氣
女子感陽~有微候其耳熱如飲醇酒挾其乳膜起捏之
頭手頸項數動兩脚振擾淫衍欲棑卻男身如此之時

渭水之上頭上有異氣々々高丈餘許帝怪之問之東
方朔之對曰此君有氣通理天中施行陰陽之術上屈
先右問于朔々々曰陰陽之事公中之私目于朔不宣言
天能行之者少是以不散告居愛之陵陽子明年六十五
矣行此術來七十二年諸求生者富求新生者貪女之容
色極力強施百脈皆傷並發也

玉房指要云勤祖曰黃帝御千二百女而登仙俗人以
一女而伐命知與不知豈不遠耶知其道御女苦不
多耳不必皆須有容色妍麗也俱欲得年少未生乳而

醫心方卷廿八　　　　　　　三

多肌肉者耳但祇得七八人便大有益也

素女曰御敵家當視敵如瓦石自視如金玉若其精動
富疾去其鄉御女當知枯素御奔馬如臨深坑下有刃
恐墮其中若能愛精令必不窮也

黃帝問素女曰今欲長不交接為之奈何素女曰不可
天地有開闔陰陽有施化人法陰陽隨四時今欲不交
接神氣不宣布陰陽閉隔何以自補練氣數行去故納
新以自助也玉莖不動則辟死其舍所以常行以當導
引也能動而不施者所謂還精補益生道乃者

素女經云黃帝曰夫陰陽交接節度為之奈何素女曰
交接之道故有形狀男致不衰女除百病心意娛樂氣
力強然不知行之者漸以衰損欲知其道在於定氣安心
和志二氣皆至神明統歸不寒不熱不飢不飽亭身定
體性必舒遲淺內徐動出入欲希少男感女快意男盛堅
以為節

玄女經云黃帝問玄女曰吾受素女陰陽之術自有法
笑顧復命之以志其道玄女曰天地之間動須陰陽之
得陰而化陽得陽而通一陰一陽相須而行故男感堅

醫心方卷廿八　　　　　　　四

旋女動開策二氣交精流液相通男有八節女有九宮
用之共六度男發癰疸女害月經百病生長壽命銷已能
知其道樂而且旋壽即增延色如華英抱朴子云凡服
藥千種三牲之養而不知房中之術怠無所益也是
以古人恐人之輕恣故美為之說死不可盡信也武
素翰於水之火之教又生人於在能用與不能耳大
都得廿二要法御女多多益善若不曉其道用一兩者過

芝以速死耳

又云人復不可都陰陽不交則生癰痹之疾故幽悶

醫心方 房内篇

醫心方卷第廿八 房内

從五位下行鍼博士兼丹波介丹波宿祢康賴撰

醫心方卷第廿八

至理第一

玉房秘決云、沖和子曰、夫一陰一陽謂之道、搆精化生
之為用、其理遠矣、故帝軒之問素女、彭鏗之醻殷王
良有旨哉

黃帝問素女曰、吾氣衰而不和、心内不樂、身常恐危、將
如之何、素女曰、凡人之所以衰微者、皆傷於陰陽交
之道、夫女之勝男、猶水之滅火、知行之如釜鼎能和
五味以成五羹臛、能知陰陽之道、悉成五樂、不知之者身
命將夭、何得歡樂、可不愼哉

一

素女云、有采女者、妙得道術、王使采女問彭祖延年益壽
之法、彭祖曰、愛精養神、服食衆藥、可得長生、然不知
交接之道、雖服藥無益也、男女相成、猶天地相生也、天
地得交會之道、故無終竟之限、人失交接之道、故有夭
折之漸、能避漸傷之事、而得陰陽之術、則不死之道也

二

采女再拜曰、願聞要教、彭祖曰、道甚易知、人不能信而
行之耳、今君王御萬機、治天下、必不能備為衆道也、事
多後宮、宜知交接之法、之要者、在於多御少女而莫
數寫精、使人身輕、百病消除也

漢馭烏都尉至子都、年百廿八字、孝武巡將見于都於

漢方과 房中術

1984년 1월 10일 초판 발행
2010년 1월 20일 10쇄 발행

역　자•韓　淸　光
발행자•김　종　진
발행처•은　광　사

등록번호 • 제 18 - 71 호
등록날짜 • 1997. 1. 8
서울특별시 중랑구 망우동 503 - 11호
전화 • 763 - 1258 / 764 - 1258

＊잘못된 책은 바꾸어 드립니다.

정가　12,000원